COMPÉTENCES

EXPRESSION ÉCRITE

NIVEAU 4

Sylvie Poisson-Quinton
Reine Mimran

B2

CLE

Crédits photographiques

p. 10 © carballo/Adobe Stock

p. 13 : de gauche à droite et de haut en bas : © Andrey Popov/Adobe Stock – © Tyler Olson/Adobe Stock –
© xalanx/Adobe Stock – © highwaystarz/Adobe Stock – © miamariam/Adobe Stock – © Barabas Attila/Adobe Stock

p. 16 © wjarek/Adobe Stock

p. 43 © cornfield/Adobe Stock

p. 46 © Dutourdumonde/Adobe Stock

p. 59 © Sergey Dashkevich/Adobe Stock

p. 65 © Nicolas Thibaut/Photononstop

p. 80 © Julie/Adobe Stock

p. 86 © Galyna Andrushko/Adobe Stock

p. 97 © oparauschebart/Adobe Stock

p. 103 © M. Mikael Parkvall de l'Institutionen för lingvistik, Université de Stockholm

Direction éditoriale : Béatrice Rego
Édition : Brigitte Marie
Marketing : Thierry Lucas
Mise en page couverture : Dagmar Stahringer
Mise en page : Domino
© CLE International 2017
ISBN : 978-2-09-038-192-4

AVANT-PROPOS

//

Cette deuxième édition **d'EXPRESSION ÉCRITE NIVEAU 4**, est une refonte de la première édition. Elle en reprend l'organisation, les thèmes et la plupart des textes. Mais elle offre un maniement et une lecture plus agréables, grâce à son nouveau format et à une mise en couleur des différentes illustrations. De plus, tous les textes qui renvoient aux données chiffrées ont été modifiés, mis à jour, réactualisés pour être en conformité avec les derniers chiffres donnés par les études, les statistiques ou les sondages d'aujourd'hui.

D'autres transformations visent à clarifier ou à enrichir les leçons.

Un grand bilan final permet aux apprenants de faire le point sur leurs acquis tant en vocabulaire qu'en grammaire.

Cette nouvelle édition, comme la première, fait suite à **EXPRESSION ÉCRITE NIVEAU 3**. Elle s'adresse à des apprenants adultes ou grands adolescents après environ 400 heures de français et peut être utilisée soit en classe, en complément du manuel de français, soit en auto-apprentissage, grâce aux corrigés qui se trouvent en fin d'ouvrage et aux pages d'auto-évaluation à la fin de chaque unité.

EXPRESSION ÉCRITE 4 Niveau B2 correspond aux niveaux B2 et B2 + du Cadre européen commun de référence pour les langues. Il correspond très précisément à ce qui est attendu d'un(e) candidat(e) se préparant aux épreuves du DELF B2.

Suivant les recommandations du Cadre Européen, il s'inscrit résolument dans une perspective actionnelle : écrire pour faire, pour faire savoir, pour agir ; d'autre part, l'apprenant, dans chacune des unités, est incité à exprimer de manière fine et argumentée le sens qu'il attache à tel ou tel événement, à telle ou telle expérience.

• Organisation de l'ouvrage

L'ouvrage comprend 15 leçons, regroupées en **5 unités** de 3 leçons chacune. Chaque unité est construite autour d'un macro-objectif explicité dans une page introductive.

Chaque unité est suivie d'une page **Allons plus loin avec quelques faits de langues** reprenant et approfondissant certains des points abordés dans les rubriques **Faits de langue** et deux pages de **Bilans autocorrectifs** reprenant les principaux objectifs visés dans l'unité.

• Organisation de chaque leçon

Chaque leçon (6 pages) présente les objectifs, fonctionnels et linguistiques, et comprend trois doubles pages :

• La première double page : **Proposer des « modèles » d'écrits**.

• La deuxième double page : **Donner des outils pour écrire**.

– à gauche, une page consacrée au *Vocabulaire*, avec la liste des mots et expressions à réutiliser et 4 à 5 questions portant sur le lexique. Cela permettra à l'apprenant d'étoffer ses textes, de nuancer son expression, d'utiliser le mot juste dans les pages suivantes. Un point « Faits de langue », consacré à un point particulièrement intéressant ou difficile du français, se trouve en bas de page ;

– à droite, une page *Grammaire* où sont expliquées ou rappelées les principales difficultés grammaticales apparues dans le texte.

• La troisième double page : **Passage à l'expression écrite**.

L'apprenant va utiliser, avec ses propres mots et à des fins qui le concernent directement, tout ce qu'il a appris dans les pages précédentes.

SOMMAIRE

UNITÉ 1 – INTRODUCTION

//

ÉCRIRE POUR DÉNONCER UNE SITUATION, POUR EXPLICITER UN JUGEMENT, JUSTIFIER UNE DÉCISION, POUR EXPLIQUER UN MALENTENDU, PRENDRE EN COMPTE DES OBSERVATIONS, APPORTER DES PRÉCISIONS, RECTIFIER DES ERREURS

Dénoncer, se justifier, expliquer, préciser, rectifier... tous ces termes renvoient au champ lexical du texte polémique.

Tout discours polémique implique un dialogue réel ou implicite entre deux ou plusieurs intervenants. Il repose sur une base conflictuelle, mais pas forcément agressive ou insultante.

Il peut apparaître dans tous les genres : préfaces, conférences, poèmes, romans, chroniques théâtrales, correspondances privées, lettres d'opinion publiées dans un journal... etc.

C'est une prise de parole qui dénonce une injustice, explicite des malentendus, dément, réfute, conteste une affirmation...

• Le démenti
Le démenti correctif oppose à une proposition fausse la proposition que l'on juge vraie.

• La réfutation
C'est un démenti qui apporte des preuves justifiées par des arguments.
Ce que vous dites est faux, et je peux vous le prouver.

• La contestation
Met en doute la validité des propos tenus. Contester, c'est s'opposer à ces propos, dire qu'on n'est pas d'accord.

Dans le discours polémique, l'énonciateur a une autorité qu'il possède naturellement ou qu'il acquiert par sa fonction.

Des procédés de mise en place de cette autorité apparaissent dans le choix des verbes introducteurs, des adjectifs, des adverbes, des négations, du mode des verbes...
Il est faux de prétendre que.../Je m'étonne que.../Je ne comprends pas que.../il n'est pas vrai que...
Je reproche sévèrement à.../Je n'arrive pas à croire que.../Je déplore que..

• **La prise en compte** de certaines observations, **les précisions** apportées, **les rectifications** relèvent également du texte polémique. Mais elles sont l'autre face, elles répondent au démenti, à la contestation, à la réfutation.

UN PEU DE RESPECT !

OBJECTIFS FONCTIONNELS : Écrire pour dénoncer une situation – Répondre pour se justifier.
LEXIQUE : La santé, le milieu hospitalier.
GRAMMAIRE : Expression de l'objection – Révision des connecteurs temporels.
FAITS DE LANGUE (1) : Noms terminés en *-ent, -ant*.
FAITS DE LANGUE (2) : *Maltraiter, médire, mésestimer.*

Élisa Bertin écrit à la direction de la maison de retraite où se trouve sa mère. Elle lui rend visite régulièrement et constate de nombreux dysfonctionnements. Elle dénonce la situation et exige des explications.

Elisa Bertin
12 bis, rue Henri Bruneau
77000 Melun

Monsieur le Directeur
Les Rayons d'Or
77540 Villeneuve
Melun, 30/09/2016

Objet : demande d'enquête sur un incident

Monsieur le Directeur,

Je voudrais porter à votre connaissance les faits suivants. Ma mère, Marcelline Jousse, est résidante dans votre maison de retraite depuis cinq ans. Âgée aujourd'hui de 92 ans, elle se déplace avec difficulté et est physiquement dépendante mais je tiens à vous signaler qu'elle a gardé toute sa tête.

Lorsque je suis allée la voir le 25 juillet dernier, comme je le fais chaque dimanche, elle se plaignait d'avoir mal à l'épaule. J'ai soulevé son gilet et j'ai constaté qu'elle avait un énorme hématome. Prise de doutes, j'ai vérifié et en ai relevé différents autres, sur la cuisse et sur la hanche droites, à la cheville et au coude gauches. Quand je lui ai demandé comment c'était arrivé, elle n'a rien voulu me répondre, se contentant de murmurer : « Ils sont méchants ». J'ai été surprise car, depuis qu'elle vit aux Rayons d'or, c'est la première fois qu'elle se plaint du personnel soignant.

L'infirmière-chef, à qui j'en ai parlé, m'a expliqué que, l'avant-veille, elle était tombée de son lit. J'ai objecté que, visiblement, rien n'avait été fait pour vérifier qu'il n'y avait ni cassure ni fêlure et que, d'autre part, personne ne lui avait passé de pommade, crème ou liniment, bref quelque chose pour atténuer la douleur. Ce à quoi elle a soutenu que si, que ma mère avait été frictionnée avec du *Synthol*, ce que celle-ci dément formellement. J'ai fait remarquer qu'il était difficile de croire qu'une seule chute ait pu occasionner des hématomes multiples ; l'infirmière-chef est alors montée sur ses grands chevaux, m'accusant de la traiter de menteuse.

Mercredi, comme je n'étais pas tranquille et que ma mère ne répondait pas au téléphone, je suis allée d'un coup de voiture voir comment elle allait. Il était midi ; je l'ai trouvée ni lavée, ni coiffée, ni habillée et elle m'a dit que personne n'était venu lui faire sa toilette depuis la veille. En outre, sa chambre n'avait pas été faite ; le désordre était indescriptible et le plateau du petit déjeuner traînait encore sur la table de nuit. Le pansement à sa jambe (elle souffre d'un ulcère) n'avait pas été changé depuis au moins deux jours. Ma mère m'a dit que,

...

...

sauf le dimanche, jour habituel de ma visite, c'était toujours comme ça mais qu'elle n'avait jamais voulu rien dire pour « ne pas faire d'histoires ». Et elle a répété : « Tu sais, ils ne sont pas gentils ».

Devant mes protestations, l'infirmier de garde ce jour-là, a prétendu que ma mère était une personne difficile, qu'elle se plaignait de tout et de rien, sans raison, et il a conclu en disant : « Vous savez, les vieilles personnes racontent n'importe quoi. Elles sont toutes un peu paranos. S'il fallait croire tout ce qu'elles disent ! »

Pourriez-vous, Monsieur le Directeur, faire une enquête pour savoir ce qui s'est réellement passé et, plus généralement, exiger de votre personnel soignant davantage d'égards envers les résidants. Faute de quoi, je me verrai dans l'obligation de porter cette affaire devant la justice.

Je vous prie, Monsieur le Directeur, d'agréer l'expression de mes sentiments distingués.

/// 1. Répondez par VRAI, FAUX ou ON NE SAIT PAS.

	VRAI	FAUX	ON NE SAIT PAS
a. Selon l'infirmière-chef, la chute de madame Jousse a eu lieu le 24 juillet.	☐	☐	☐
b. L'infirmier de garde met en doute la parole des résidants.	☐	☐	☐
c. Le directeur de cette maison de retraite a été nommé récemment.	☐	☐	☐
d. Les visites dans les maisons de retraite sont autorisées jusqu'à 22 h.	☐	☐	☐
e. Madame Bertin soupçonne le personnel soignant de négliger les personnes âgées.	☐	☐	☐

/// 2. Comment, dans le contexte, comprenez-vous les expressions :

a. Je n'étais pas tranquille : ....

b. Aller quelque part d'un coup de voiture : ....

c. Monter sur ses grands chevaux : ....

d. Faire des histoires : ....

/// 3. Reprenez le dialogue entre madame Bertin et l'infirmière-chef, au discours direct.

Mme Bertin : ....

L'infirmière-chef : ....

Mme Bertin : ....

L'infirmière-chef : ....

Mme Bertin : ....

L'infirmière-chef : ....

/// 4. Cherchez, dans ce texte, un équivalent de :

a. diminuer, calmer : ....   b. provoquer : ....   c. sinon ....

/// 5. Pourquoi a-t-on utilisé « si » et non « oui » dans « Elle a soutenu que si ? »

....

Milieu hospitalier, maisons de retraite, soins...

Des noms

une personne âgée

une maison de retraite – les résidants (ou résidents)

le personnel soignant [un médecin, un infirmier, une infirmière, un(e) aide-soignant(e)]

un hématome (en français familier = un bleu) – une pommade, une crème, un liniment (plus rare) – un pansement

une cassure, une fêlure – un ulcère – la douleur

la toilette (attention, ne confondez pas la toilette et les toilettes)

une chute (attention : la « tombée » ne s'utilise que dans la tombée du jour, la tombée de la nuit)

Des verbes

se plaindre de + nom, + infinitif ou que + subj.

se casser, se fêler la cheville

frictionner quelqu'un

souffrir de quelque chose (ou de quelque part)

Le vocabulaire du corps

Le coude
Le bras
L'épaule

La hanche
La cuisse

La jambe
La cheville

Des expressions

avoir toute sa tête = jouir de toutes ses facultés mentales (perdre la tête ≠ perdre la raison)

avoir des égards, de la considération pour quelqu'un

faire la chambre (= ranger, nettoyer) – faire la toilette de quelqu'un (= laver quelqu'un)

traiter quelqu'un de + adjectif

Des adjectifs

(être) dépendant physiquement (≠ valide)

(une personne) difficile

/// 6. Les différents sens du mot *retraite*. Reformulez les phrases suivantes avec vos propres mots.

a. Chaque année, il fait une *retraite* de deux semaines au monastère Saint-Paul.

b. Quand pensez-vous prendre votre *retraite* ? À 65 ans ?

c. Lors de la *retraite* de Russie, en 1812, Napoléon a perdu des milliers de soldats.

d. L'ours avait trouvé une *retraite* sûre, en plein milieu des bois.

/// 7. Les mots du corps... À votre avis, quel est le sens des mots soulignés ?

a. Quand j'ai eu ces difficultés, j'ai été bien épaulé par ma famille.

b. Elle a toujours été entêtée.

c. Elle aimait rester là, accoudée à la fenêtre.

d. Ils se tenaient étroitement embrassés.

Faits de langue (1)

Remarque : vous trouverez *les résidents* ou *les résidants*. Les deux orthographes sont acceptées, sans qu'il y ait une réelle différence de sens (= ceux qui résident, qui habitent dans un pays, dans un lieu).

1. Objecter quelque chose

On reprend les paroles de quelqu'un et on formule une objection, on marque son désaccord.

Par exemple :

Certes, *vous me dites que vous avez soigné ma mère.* ***Mais*** *comment se fait-il alors que...* (comment expliquez-vous que...).

Vous me dites que... ***mais*** *j'aimerais savoir pourquoi, alors,...*

Je conçois volontiers *que...* ***mais*** *je vous ferai quand même remarquer que...*

J'admets que*... (Je ne nie pas le fait que...) mais cela n'explique pas que...*

2. Démentir quelque chose, opposer un démenti, protester

Par exemple :

C'est totalement faux ! C'est faux, archi-faux ! Vous vous trompez du tout au tout. Mais il n'en a jamais été question !

Mais ce sont des contes à dormir debout ! Jamais de la vie ! Contrairement à ce qu'on a pu vous raconter,...

Vous ne pensez tout de même pas que...

3. Insister

Par exemple :

Mais *enfin, vous savez bien que...* (vous n'êtes pas sans savoir que... vous n'ignorez pas que...)

/// 8. Classez les démentis suivants en deux catégories : vigoureux/mesurés.

a. Je crains que vous n'ayez été induit en erreur.

b. Jamais de la vie ! Je n'en ai pas l'intention.

c. Cela ne semble guère à l'ordre du jour.

d. Vraiment ? Vous en êtes sûr ? Je ne suis pas au courant. Désolé !

e. Je tiens à démentir formellement cette rumeur.

f. Mais c'est idiot ! On t'a mené en bateau, mon pauvre ami.

4. Se situer dans le temps (rappel)

RÉFÉRENCE : AUJOURD'HUI	RÉFÉRENCE : UN AUTRE MOMENT DU TEMPS
La semaine dernière	*Une semaine plus tôt*
Il y a trois jours	*Trois jours plus tôt, trois jours avant*
Avant-hier	*L'avant-veille*
Hier	*La veille*
Aujourd'hui	*Ce jour-là*
Demain	*Le lendemain*
Après-demain	*Le surlendemain*
Dans trois jours	*Trois jours plus tard, trois jours après*
La semaine prochaine	*La semaine suivante*

/// 9. Reprenez les éléments de la lettre de Madame Bertin. Le 1er septembre 2016, elle se décide à alerter la revue BIEN VIVRE sur ce qu'elle a constaté. Elle raconte les faits avec précision et dans l'ordre chronologique. Attention, votre point de référence est le 25 juillet 2016.

> *Le dimanche 25 juillet, comme tous les dimanches, je suis allée voir ma mère. Ce jour-là...*

Faits de langue (2)

maltraiter est le seul verbe ainsi construit (préfixe ***mal-*** + infinitif, en un seul mot).

Attention ! Le verbe *« bientraiter »* n'existe pas. D'autres verbes existent avec le préfixe *mau-* (*maudire*) ou *mé-*, *més-* (*médire*, *mécontenter* ; *mésestimer*). *Mau-*, *mé-* ou *més-* ont tous trois le sens de *mal*.

/// **10.** Vous êtes l'infirmière-chef. Vous utilisez votre droit de réponse pour contester ce que dit Mme Bertin à propos de la maison de retraite Les Rayons d'Or. Vous adressez votre lettre à la revue BIEN VIVRE.

Exemples d'arguments :

- Depuis des années, c'est la première fois que Madame Jousse se plaint.
- La chaleur la rend toujours agitée, nerveuse.
- Elle refuse qu'on installe des barreaux à son lit pour l'empêcher de tomber.
- Après sa chute, Mme Jousse n'a rien dit.
- On lui a proposé de passer une radio, elle a refusé.
- La maison de retraite est en sous-effectifs, le mercredi surtout.
- Le ménage est fait tous les jours entre 9 h et 13 h.
- Ce jour-là (le vendredi 23), la femme de ménage était malade, deux aides-soignantes sur quatre aussi.
- Mme Bertin est bien connue pour son goût des dénonciations.
- Les vieilles personnes ont une peau fragile qui se marque très facilement.

À vous de trouver d'autres arguments.

- **Classez vos différents arguments et présentez-les dans votre réponse en réutilisant le vocabulaire du démenti, de la justification.**

Une lectrice, Madame Bertin, a porté, contre la maison de retraite, Les Rayons d'Or, des accusations graves que je ne peux pas laisser sans réagir, en tant qu'infirmière-chef de cet établissement. Je fais donc usage ici de mon droit de réponse.

....
....
....
....
....
....
....
....
....
....
....
....
....
....
....
....
....

/// **11.** Vous êtes le nouveau directeur de la maison de retraite Les Rayons d'Or. Vous rédigez une lettre circulaire à destination du personnel soignant pour rappeler ce qu'il faut faire (et ne pas faire) lorsque l'on s'adresse à des personnes âgées en institution. À partir des différents cas illustrés dans ces vignettes, rédigez cette circulaire.

– Allez, debout, il fait beau ! Tout le monde au jardin !
– J'aimerais mieux rester au frais !

Elle pourrait frapper avant d'entrer !

– J'ai mal à la tête !
– C'est pas grave, le médecin verra ça demain !

– J'aime pas ça, c'est pas bon !
– Ah non ! Pas de discussion ! Il faut finir !

On va vous couper les cheveux !
*Comme ça, vous aurez moins chaud !

Allez, pépé. Je veux te voir prendre tes comprimés ! Et dépêche-toi, j'ai du travail, moi !

/// MANIÈRES DE DIRE

...Mais [KESKIDIZ] !!!

• Traduisez ces locutions en français standard.

a. – Tais-toi un peu ! Tu me casses les oreilles !
– C'est TOI qui me dis ça !!? TOI, le roi des bavards ! C'est vraiment l'hôpital qui se moque de la charité !
b. – Elle est venue me voir hier après-midi et elle m'a tenu la jambe deux heures ! Quel moulin à paroles ! J'ai cru qu'elle ne s'en irait jamais !
c. Quand tu auras fini de te tourner les pouces, tu pourras peut-être me donner un coup de main ? Si ça ne te fatigue pas trop...
d. Il n'a jamais eu d'égards pour personne. Il a toujours traité les gens par dessus la jambe !

....
....
....

D'ACCORD OU PAS D'ACCORD ?

OBJECTIFS FONCTIONNELS : Expliciter un jugement – Justifier une décision.

LEXIQUE : Les cours et examens universitaires.

GRAMMAIRE : Expression de la concession – Expression de l'obligation.

FAITS DE LANGUE (1) : La lettre Œ.

FAITS DE LANGUE (2) : *quoique/quoi que.*

Monsieur Gruber, professeur de littérature comparée, a rendu les partiels du second semestre (licence deuxième année).

Appréciation écrite par le professeur sur la copie d'une étudiante.

Note : 8/20

> Votre travail n'est pas sans mérite mais vos connaissances souvent trop superficielles et votre argumentation un peu faible, en particulier dans la dernière partie. Votre conclusion -pour le moins expéditive !- serait également à revoir.
>
> Attention à votre bibliographie : la manière de présenter les articles et les ouvrages diffère.

Réaction de l'étudiante

Cette étudiante, Charlotte B., conteste la note qu'elle a obtenue. Elle écrit une lettre au professeur pour lui demander de bien vouloir reconsidérer sa copie. Elle la lui renvoie dans l'espoir qu'il acceptera de la relire. Elle est prête à améliorer son travail et à en reprendre certaines parties.

Réponse du professeur

Grenoble, 29 mai

Mademoiselle,

Bien que ce ne soit guère l'usage et que je n'y sois nullement tenu, je veux bien vous donner quelques explications à propos de votre note.

Je conçois votre déception et comprends bien que vous ayez été pénalisée par votre état de santé ce jour-là mais je suis, en revanche, un peu surpris que vous m'accusiez, même à mots couverts, d'injustice. Les deux camarades que vous mentionnez ont fait un travail plus construit que le vôtre et, pour Bruno T., en particulier, beaucoup plus fouillé et mieux argumenté. Je voudrais aussi vous rappeler qu'ils ont suivi le cours avec la plus grande régularité tout au long du semestre, ce qui n'a pas toujours été votre cas, quoi que vous en disiez.

Mon appréciation de votre travail était en fait plutôt bienveillante : je n'ai pas insisté sur certaines erreurs graves. Par exemple, vous attribuez à Manzoni une œuvre de Leopardi, vous vous trompez – et lourdement ! – sur les dates d'ouvrages longuement étudiés dans le cours (L'Émile,

...

...

de Jean-Jacques Rousseau et Les Noces de Figaro, de Beaumarchais), les malheureux frères Grimm deviennent sous votre plume Grime...

Si je note, par ailleurs, que votre dernière partie est peu argumentée, c'est que vous reprenez, avec d'autres mots, l'essentiel de ce que vous avez dit plus haut. Comme je vous l'ai répété tout au long du semestre, un texte doit progresser. PROGRESSER !

De même, j'ai insisté à différentes reprises sur l'importance de la conclusion. La vôtre n'ouvre sur aucune problématique, elle est parfaitement redondante par rapport à votre dernière partie.

D'autre part, comme je vous l'indiquais sur votre copie, faites attention à la manière dont vous présentez votre bibliographie. Ce n'est pas sans importance. Reportez-vous aux indications que j'ai données en début de semestre. Et dans l'ordre alphabétique, H vient après G !

Je vous signale enfin que, contrairement aux devoirs ou dossiers réalisés au cours du semestre, il n'est pas possible de refaire un partiel final. Je vous rappelle que les rattrapages pour cette session ont lieu le 18 septembre à 10 h, en salle B 346.

Cordialement

/// **1.** En général, en France, les professeurs doivent-ils expliciter leurs notes ? Justifiez votre réponse par une phrase de cette lettre.

....

/// **2.** Comment comprenez-vous : « ...*pénalisée par votre état de santé ce jour-là* » ?

....

/// **3.** Pourquoi M. Gruber refuse-t-il de réévaluer cette copie ?

....

/// **4.** Sur quoi portent les critiques du professeur ?

....

....

/// **5.** Cherchez dans la lettre un mot synonyme de :

a. je comprends : ....

b. gentil, indulgent : ....

c. se dérouler, se passer : ....

/// **6. Quel est le sens de *parfaitement* dans : « ...*elle est parfaitement redondante par rapport à votre dernière partie* » ?**

....

À l'université...

Des noms

un devoir – un dossier – une copie (= un travail écrit)

un partiel (= un examen en fin de semestre)

une note – une bonne note, une note moyenne, une mauvaise note – un cours – une salle de cours – un amphi(théâtre)

une appréciation, un commentaire – une problématique

un article (de journal, de revue) – un ouvrage (= un livre) – une œuvre (= l'ensemble des ouvrages d'un auteur) un rattra-page (= possibilité de repasser l'examen afin d'obtenir une meilleure note) – une session d'examen – une bibliographie

---

Des verbes

noter quelque chose

reprendre un travail (= recommencer)

reconsidérer un travail, une note

pénaliser quelqu'un (= désavantager)

Des adjectifs

un travail expéditif (= trop rapide)

superficiel (≠ fouillé, approfondi)

un travail argumenté, construit

redondant (= répétitif)

/// 7. Voici des expressions comprenant le mot : ŒUVRE. Cherchez, dans le dictionnaire, le sens exact des mots et expressions suivants :

a. la main-d'œuvre = ...

b. les hors-d'œuvre = ...

c. un chef-d'œuvre = ...

/// 8. Expliquez le sens des mots suivants :

a. – Il a rendu **copie blanche** à son examen de géologie.

– Votre travail n'a aucune originalité. C'est **une simple copie** du livre de M. Hamon.

b. – **Vous avez bien noté** que les bureaux ferment à 16 h ?

– **Il note** toujours très sec.

c. – Trois **articles** à 11,50, ça vous fait 34,50 euros.

– Vous avez oublié d'indiquer les références (date, maison d'édition...) de cet **article**.

....

....

....

Faits de langue (1) : la lettre Œ (= « e dans l'o »)

un œuf – l'œil, une œillade (= un clin d'œil, un coup d'œil complice, qui cherche à séduire), avoir des œillères (= des idées étroites) – un bouquet d'œillets – un bœuf – « qui vole un œuf vole un bœuf » – ma sœur – faire un vœu – un vœu pieux (= un souhait qui a peu de chance de se réaliser) – un nœud

Attention, cette lettre se prononce [œ] lorsqu'elle est suivie d'une consonne sonore (*une sœur, un œuf, un bœuf, un œil, une œuvre*...) ou [Ø] lorsqu'elle est en finale ou suivie d'une consonne muette (*un vœu, un nœud*).

Attention à la prononciation : *un œuf, un bœuf* [œf, bœf] mais *des œufs, des bœufs* [dezØ, debØ].

1. L'expression de la concession

– *Je ne suis pas obligé de répondre à votre lettre...*

La première proposition nous incite à supposer une conséquence, une conclusion logique (*donc, je ne répondrai pas...*)

– *Je le ferai **quand même**, à titre exceptionnel.*

La seconde proposition est contraire à ce qu'on attendrait logiquement.

Rappel : la concession et l'opposition sont deux opérations logiques différentes. Observez :

– *Julia n'est pas satisfaite de ses notes alors que Bruno est très content.*

L'**opposition** est ici explicite et les éléments s'opposent deux à deux (*Julia/Bruno – pas satisfaite/content*)

– *Julia n'est pas satisfaite de ses notes mais elle n'ose rien dire à son professeur.*

La relation est ici une relation de **concession** : on attendrait logiquement que Julia, mécontente, aille voir son professeur. Or, elle ne le fait pas.

Quelques manières d'exprimer la concession :

– *Elle mange peu **mais, pourtant, cependant, toutefois, néanmoins** elle grossit.*

– ***Même si** elle mange peu, elle grossit.*

– *Elle mange peu, elle grossit **quand même**.*

– ***Elle a beau** manger peu, elle grossit.*

– ***Bien qu'/Quoiqu'**elle mange peu (attention : subjonctif !), elle grossit.*

/// **9.** Dans les trois phrases suivantes, la relation est-elle d'opposition ou de concession ?

a. Pendant que toi, tu faisais la sieste, moi, j'ai passé l'après-midi à ranger l'appartement.

b. Elle était furieuse ; n'empêche qu'elle n'a rien osé dire.

c. J'ai eu beau lui expliquer ses erreurs, elle est persuadée d'être géniale !

/// **10.** Formulez de trois manières différentes cette phrase : « *Bien que ce ne soit guère l'usage, je veux bien vous donner quelques explications* ».

a..

b..

c..

2. L'expression de l'obligation

Les verbes le plus fréquemment utilisés sont DEVOIR : *Vous devez vous présenter le 18 septembre, à dix heures.* et IL FAUT QUE + subjonctif (ou : Il vous faut + infinitif). Mais il y a d'autres manières d'exprimer cette relation logique : *Vous êtes dans l'obligation de... ; Vous avez pour obligation de ; Vous êtes tenu(e) de ; Vous avez à... ; Vous aurez à... Prière de + infinitif.*

/// **11.** À partir de cet avis, rédigez une phrase exprimant l'obligation.

> **CONVOCATION AU PARTIEL DU COURS DE PHILOLOGIE FRANÇAISE**
> *Le 26/01/18 à 8 h précises - salle B 322 - Aucun document autorisé*

Faits de langue (2)

Attention à la différence entre : ***quoique*** (= *bien que*) et ***quoi que*** (*quelle que soit la chose que*).

/// 12. Relisez attentivement la lettre du professeur Gruber pages 14-15. Elle vous donne certaines indications sur le contenu probable de la lettre de Charlotte.

Vous êtes Charlotte. Écrivez la lettre qu'elle a adressée à son professeur pour lui demander de réévaluer sa note.

Grenoble, 25 mai

Monsieur le Professeur,

....

....

En effet,,...

....

Vous avez sans doute constaté que, le jour du partiel,.................

....

D'autre part,..

....

....

....

D'ailleurs,..

....

....

....

....

Dans l'espoir que vous accéderez à ma demande, je vous prie d'agréer, Monsieur le Professeur, mes salutations très respectueuses,

Charlotte B.

/// **13.** Vous : étudiant(e) en Master à l'université. Choisissez le domaine que vous connaissez le mieux (littérature, sciences humaines ou sociales, sciences de la terre etc.).

La situation : au second semestre, vous devez travailler sur un dossier et le professeur vous a demandé de faire ce travail à deux. Un(e) étudiant (e)vous propose par mail de faire équipe avec vous.

Le problème : vous avez déjà travaillé avec lui/elle au premier semestre et vous n'avez pas envie de recommencer cette expérience.

La tâche : vous lui répondez en refusant sa proposition et en justifiant, le plus diplomatiquement possible, votre réponse.

Nouveau Message
Exp :
Dest :
Objet :

....

....

....

....

....

....

....

....

....

....

....

....

....

....

....

/// MANIÈRES DE DIRE

• **Traduisez avec vos propres mots les expressions en gras.**

Quand elle m'a proposé de faire équipe avec moi, **je n'ai fait ni une ni deux ! J'ai pris le taureau par les cornes** *et je lui ai répondu* **du tac au tac**. *Pas question de retravailler avec elle ! Une fois, ça suffit.* **Je m'en suis bien mordu les doigts.** *Et depuis,* **j'ai vraiment une dent contre elle !** *D'ailleurs,* **elle tape sur les nerfs** *de tout le monde !*

LE MÉDIATEUR RÉPOND

OBJECTIFS FONCTIONNELS : Écrire pour expliquer un malentendu – Prendre en compte des observations, apporter des précisions, rectifier des erreurs.
LEXIQUE : Le monde du journalisme : les journalistes, les lecteurs et le médiateur.
GRAMMAIRE : Le subjonctif dans la phrase – Les anaphores et la structuration du texte.
FAITS DE LANGUE (1) : Quelques fautes d'orthographe à corriger.
FAITS DE LANGUE (2) : Le verbe *interpeller*.

Chaque journal réserve, au moins, une fois par semaine, un espace consacré à la réponse du médiateur aux remarques et critiques des lecteurs.

Les lecteurs cette semaine semblent s'être donné le mot pour laisser libre cours à leur esprit critique. Qu'il s'agisse de politique, d'économie, de faits de société, de mode, de gastronomie, de cinéma, de loisirs, de sport, rien ne trouve grâce à leurs yeux.

Ainsi, de nombreux lecteurs habitant la banlieue nous reprochent de ne pas avoir rendu compte d'« *événements graves* » survenus dans la nuit de vendredi à samedi, la semaine dernière. « *Des affrontements violents entre des jeunes et des policiers ont fait de nombreux blessés dans notre cité sans que cela semble avoir ému la presse nationale. Fallait-il qu'il y ait des morts pour qu'un de vos reporters vienne sur place et que ces événements aient droit à la une ?* » nous écrivent-ils.

À la décharge de notre journal, on pourrait rétorquer que l'information n'a été diffusée ni par les agences de presse ni par les radios. Par ailleurs, l'actualité très riche de cette semaine ne permettait pas de reprendre ce qui aurait pu être, il est vrai, en temps normal, un scoop. Cependant nos lecteurs devraient reconnaître qu'une fois les faits connus et vérifiés, nous avons donné l'information, même si au bout d'une semaine il est difficile d'enquêter sérieusement et d'avoir des témoignages précis.

Une autre critique revient souvent; on juge sévèrement nos positions politiques. Mais ces reproches manquent un peu de cohérence. En effet, si certains trouvent que nous prenons systématiquement le contre-pied des décisions du gouvernement, d'autres condamnent notre « *sympathie affichée* » pour les thèses gouvernementales tandis que d'autres encore nous accusent d'une neutralité qui ne les satisfait pas du tout. Alors, chers lecteurs, vous devriez accorder vos violons. À quelles critiques devons-nous répondre ? L'essentiel est que vous puissiez vous exprimer, même si c'est dans la cacophonie.

Quelques lettres indignées attaquent notre chroniqueur sportif. Celui-ci, en effet, a écrit un papier élogieux sur un jeune prodige de la corrida. Et voilà que se déchaînent les adversaires de la corrida. « *Qu'il crève, ce matador que votre journaliste ose appeler l'Ange ! Pour moi, c'est plutôt l'Ange de la mort* » nous écrit M. X de Nîmes. De grâce, M. X, un peu de pitié pour cet homme qui risque sa vie dans l'arène ! De plus,

...

vous ne pouvez empêcher d'autres lecteurs d'être d'un avis différent du vôtre, notre courrier en témoigne largement.

Plusieurs abonnés nous menacent de se désabonner si nous nous transformons en presse « *people* », passionnée de faits divers. C'est l'article consacré à l'extravagante héritière d'une chaîne d'hôtels et à ses démêlés avec la justice qui provoque cette colère et ces menaces. « *Il ne manquerait plus que vous deveniez un journal à sensation avec du sang à la une** » ajoute M. W de Versailles.

Qu'un tel article puisse choquer ne nous étonne pas. Mais l'intérêt que suscitent des personnages de ce genre représente pour nous un véritable fait de société. N'importe quel sociologue vous le dirait.

Enfin, dernière série de critiques. On s'étonne de voir apparaître dans nos colonnes des fautes d'orthographe, des erreurs historiques... Et on nous interpelle : « *Depuis quand Louis XIII est-il mort en 1634 ? Il restait à ce malheureux au moins une dizaine d'années à vivre.* » « *Depuis quand écrit-on *Quand à, et *il résoud avec un « d » final ? Depuis quand écrit-on *apartement avec un seul « p ». Vite, vite, à vos grammaires et à vos dictionnaires, messieurs, mesdames les journalistes !* »

Eh bien, je vais faire un aveu à ces censeurs sans pitié. Pour des raisons économiques, nous avons perdu la moitié des effectifs de nos correcteurs. Beaucoup de copies ne sont pas relues et donc, de nombreuses coquilles* s'y retrouvent. Mais, heureusement, chers abonnés, vous êtes là pour nous remettre dans le droit chemin de la correction orthographique et grammaticale.

* du sang à la une = des articles de première page consacrés à des faits divers violents.

* une coquille = une faute typographique.

/// 1. Quelles sont les rubriques abordées par les lecteurs ?

....

/// 2. Quel sens donnez-vous aux expressions suivantes :

a. « Rien ne trouve grâce à leurs yeux. »

b. « Nous prenons le contre-pied des décisions du gouvernement. »

/// 3. Un journal a défini ainsi le rôle du « médiateur » : « Le médiateur est à la fois un réceptionniste, un intermédiaire et une sorte de juge de paix. »

a. À votre avis, en quoi est-il un réceptionniste, un intermédiaire, un juge de paix ?

....

b. Le texte ci-dessus vous semble-t-il bien remplir ce rôle ?

....

/// 4. Une coquille, au sens figuré, est une faute typographique, une lettre à la place d'une autre. En vous appuyant sur cette définition, trouvez-vous que le médiateur ait utilisé ce mot correctement ?

....

Des noms
la presse – un journal – la presse à sensation – une agence de presse
un(e) journaliste – un rédacteur, une rédactrice – un reporter – un chroniqueur – un envoyé spécial – le médiateur, la médiatrice – la rédaction – le correcteur
un article – une rubrique – une colonne – la une – une information – un scoop – un fait divers
les lecteurs – un(e) abonné(e) – un abonnement

Des verbes
écrire – informer – rendre compte – reprendre une information – enquêter

Des adjectifs
(la presse) nationale, régionale, locale, « people » – (un journaliste) parlementaire, politique, scientifique, sportif

Des expressions
donner, laisser libre cours à (= ne pas contenir, ne pas retenir)
accorder ses violons (= se mettre d'accord)

/// **5.** Quelle différence voyez-vous entre : *rendre compte* et *se rendre compte* ?

....

/// **6.** Quel est le nom formé sur le verbe : *rendre compte* ? Utilisez-le dans une courte phrase.

....

/// **7.** Qu'est-ce que la *presse à sensation* ?

....

/// **8.** Complétez ce texte en utilisant les mots suivants : *agences, fait divers, presse, scoop, une.*

L'assassinat d'un ministre constitue plus qu'une banale information, qu'un simple .... ; c'est

pourquoi, il occupe la .... de l'ensemble de la .... C'est un véritable

............................, transmis par toutes les ....

/// **9.** Barrez l'intrus.

médiation – médiateur – intermédiaire – médire – médiatrice

/// **10.** Trouvez, dans le texte, des expressions ayant le même sens que :

Les lecteurs <u>ont critiqué</u> l'appui que nous avons apporté à cet homme politique (attention aux changements de constructions).

....

/// **11.** Quel sens donnez-vous au mot « *papier* » dans les phrases suivantes :

a. Ce livre a été imprimé sur un très beau *papier* bible.

b. « Présentez vos *papiers* ! » a ordonné l'agent qui venait de m'arrêter pour excès de vitesse.

c. Dans son dernier *papier*, le journaliste a fait une très bonne analyse du milieu politique de notre pays.

d. J'ai noté son numéro de téléphone sur un *papier* que je ne retrouve plus.

Faits de langue (1)

Les lecteurs ont relevé trois fautes dans les colonnes du journal. Pourriez-vous donner les formes correctes de ces mots ?

....

1. Le subjonctif dans la phrase
Quelques structures grammaticales au subjonctif.
a. *Qu'il s'agisse* de politique, d'économie, de gastronomie..., rien ne trouve grâce à leurs yeux.
Que + subjonctif, ici, prend une valeur hypothétique, avec une légère valeur d'opposition (= *S'il s'agit de politique ou d'économie..., rien ne trouve grâce à leurs yeux.*)
(On peut comprendre aussi : *Quel que soit le sujet, politique, économie, art..., rien ne trouve grâce à leurs yeux.*)
b. *De violents affrontements ont fait de nombreux blessés... sans que cela semble* avoir ému la presse nationale. Ici « *sans que* » *a une valeur d'opposition* (= *De violents affrontements ont fait des blessés... bien que cela ne semble pas avoir ému...* ou *bien que de nombreux affrontements aient fait des blessés... cela ne semble pas avoir ému...*)
c. *Fallait-il qu'il y ait* des morts *pour qu'un de vos reporters vienne* sur place ?
Il faut que + subj. ... *pour que* + subj. exprime une conséquence avec un résultat voulu.
d. *Qu'un tel article puisse* vous choquer, ne nous étonne pas. (= *Cela ne nous étonne pas qu'un tel article puisse vous choquer.*)
Dans la proposition subordonnée complétive, la conjonction « que » en tête de phrase demande généralement le subjonctif.
Il est évident que ce journal sera obligé de licencier pour continuer à paraître. → *Que ce journal soit obligé de licencier pour continuer à paraître, c'est évident.*

/// 12. Reconstruisez les phrases suivantes en utilisant les structures au subjonctif étudiées ci-dessus.

a. Il est venu à la fête ; nous ne l'avions pas invité.

b. Tout homme peut trouver en lui du talent ; j'en suis persuadé.

c. On l'a condamné ; il fallait donc qu'il soit coupable !

d. S'il fait beau ou s'il fait mauvais, de toute façon, le mariage aura lieu dehors.

e. Elle est sortie ; on ne le lui avait pas permis.

2. Anaphores pronominales, nominales et progression du texte (rappel)
L'anaphore est une reprise d'un élément déjà évoqué dans le texte. Cette reprise permet de respecter la cohérence du discours.
On peut trouver plusieurs sortes d'anaphores. Par exemple :
– des anaphores fidèles qui sont la reprise du nom avec changement de déterminant.
Quand j'étais petite, j'avais une poupée ; cette poupée était ma seule confidente.
Pour éviter la monotonie des répétitions mot pour mot, on peut utiliser aussi :
– un pronom (personnel, démonstratif, indéfini, possessif...), un mot équivalent :
Charles Baudelaire naît à Paris en 1821. Il publiera en 1857 « les Fleurs du Mal ». Ce poète sera l'un des plus grands du XIXᵉ siècle.
– une expression qui résume le contenu d'une phrase, d'un paragraphe :
Un homme s'est introduit dans nos bureaux la nuit dernière et a pris tous les ordinateurs. Ce vol n'est pas le premier du genre...

/// 13. Relisez le texte et identifiez toutes les anaphores du mot « *lecteurs* » : Exemple : *Les lecteurs cette semaine... De nombreux lecteurs...*

Faits de langue (2)

Une bizarrerie grammaticale et phonétique
Le verbe **interpeller** : lorsque ce verbe a une terminaison accentuée (au présent *-ons, -ez*), (à l'imparfait, *-ais, -ais, -ait, -ions*...), (au passé simple *-ai, -as*...), le « e » qui précède -ll, se prononce comme un « e » muet [ə], malgré la présence de cette double consonne : nous interpellons = [ɛ̃tɛrpəllons]. Ailleurs, ils se prononce « e » ouvert : j'interpelle = [ɛ̃tɛrpɛllε].

/// 14. Écrivez la lettre (page 21) du lecteur qui se plaint de voir son journal tomber dans les défauts de la presse « people », de la presse à sensation.

Plan pour la progression de la lettre

- Abonné depuis longtemps.
- Grande confiance dans les analyses du journal.
- Centres d'intérêt : politique, économie, arts et spectacles.
- Oui, mais pas n'importe quel spectacle.
- Découverte avec stupéfaction, dans le journal, de sujets frivoles.
- Pourquoi aborder de tels sujets ?
  a. Recherche de nouveaux lecteurs ?
  b. Besoins économiques ?
- Incompréhension.
- Conclusion, mise en garde.

Monsieur

....
....
....
....
....
....
....
....
....
....
....
....
....
....
....
....
....
....
....
....

/// **15.** Vous êtes le médiateur d'un journal et vous répondez au courrier des lecteurs.

• *Sur l'Europe...*

a. Juan → Parce que nous avons foi dans cette terre de progrès et de justice sociale qui a enrichi les pays du Sud sans appauvrir ceux du Nord, parce que nous croyons en cette Europe qui, seule, nous permettra de rester dans la course face aux nouveaux géants de ce siècle, et parce que nous sommes si fiers de cette jeunesse qui s'instruit, voyage, échange et se croise, nous réclamons la création d'une Fédération des États européens ....

b. Arlette → Votre journal serait-il devenu une sorte de porte-voix de ces partis majoritaires qui sont parvenus à dépouiller le projet européen de tout idéal émancipateur et protecteur pour les peuples d'Europe et, pire, qui en ont fait le royaume de l'austérité et du chômage ?

c. Nicolas → L'Europe est une escroquerie ! Après un référendum auquel les Français avaient répondu par la négative, les députés se sont crus autorisés à voter le contraire... Sur ces bases, il est évidemment très difficile de faire confiance à cette institution. En outre, à moins d'être obtus, on voit bien que les exigences de l'UE conduisent les peuples à la misère en nivelant par le bas...

• *Voies sur berges et pollution (La Mairie de Paris a décidé d'interdire les voies qui longent la Seine à la circulation automobile pour diminuer la pollution et pour rendre les berges aux promeneurs...)*

Des Parisiens réagissent) :

a. Léo → Ayant à faire quotidiennement un trajet de moyenne banlieue ouest à proche banlieue sud, je constate que depuis la fermeture des voies sur berges, le secteur de la Porte de Versailles est congestionné de 7h30 à 21h.

b. Manuel → Je ne comprends pas pourquoi les automobilistes persistent à venir à Paris. Redonnons aux piétons le droit de circuler dans un air sain ! Bravo Mme le Maire.

c. Anaximandre → Personne ne vient à Paris en voiture par plaisir. Vous pouvez peut-être passer votre vie à flâner mais ce n'est pas le cas de tout le monde.

d. Témoin oculaire → D'accord, la pollution s'est déplacée des quais mais c'est pour se répandre au-dessus. Par ailleurs, la pollution n'est pas due qu'aux automobilistes. Mme le Maire peut être satisfaite, elle dirige la ville la plus sale du monde ! Dans mon quartier il se passe parfois plusieurs semaines sans balayage, ni nettoyage. Les détritus jonchent nos trottoirs. Papiers, sacs plastique, canettes de toutes sortes et mégots s'entassent : le résultat ? On a des rats.... !

// **MANIÈRES DE DIRE**

Les homonymes

Sans nouvelles des randonneurs, les familles sont inquiètes. Une mère fait les **cent** pas devant le poste de secours ; elle **sent** que quelque chose de grave s'est passé. Les autres, silencieux, attendent. Soudain, un grondement annonce l'arrivée de l'hélicoptère qui dépose les jeunes gens enfin retrouvés; ils sont épuisés, l'un **boîte**, l'autre a le pantalon couvert de **sang**, le dernier est allongé sur une civière, mais ils sont sauvés.

• Sur ce modèle, écrivez un texte de 4 à 5 lignes en utilisant les homonymes suivants : *court, il court ou ils courent, un cours, une cour...*

....

....

Trois préfixes négatifs

• Le préfixe *dé-* = le contraire

Dé + consonne, **dés-** + voyelle, **dis-** + s

Le dégel (la fonte des neiges), le dégoût (la répulsion), déloyal(e) (qui n'est pas loyal(e)) la déloyauté

Le désaccord, la désapprobation, désagréable, le désespoir, désespéré(e)....

Dissemblables (qui ne sont pas semblables, mais qui ont quelque chose en commun)....

• Le préfixe *in-* = privé de, sans

Ce préfixe forme des adjectifs et des noms, des adverbes....

Attention à l'orthographe :

in + voyelle → in-apte, in-exact(e), prononcé i-napte, i-nexact(e).

in + consonne → in-direct(e), im-patient(e), prononcé ([ɛ̃]direct(e), ([ɛ̃]patient(e).

Attention :

in + l → ill- ; illégal(e), illettré(e) ; illégalement ; le « n » de in- s'assimile à la lettre « l »

in + r → irr- ; irrégulier//irrégulière, irrégulièrement ; le « n » de -in s'assimile à la lettre « r »

Attention :

in + m + voyelle → imm- ; immature, immobile, prononcé i-mmature, i-mmobile ; mais on prononcera imm- [ɛ̃]m, dans des mots comme : immangeable, immettable, immanquable.

• Le préfixe *mal-* = idée de négation, de manque, de mal...

Associé à d'autres mots, il sert à former des adjectifs, des noms, des noms/adjectifs, des verbes, des adverbes. Le plus souvent, il est soudé au mot qui suit.

– les adjectifs :

maladroit (adroit) ; **mal**heureux (heureux) ; **mal**propre (propre) ; **mal**sain (sain)

malfaisant = mauvais, méchant, nuisible (**bien**faisant)

– des noms :

la **mal**adresse (l'adresse) ; le **mal**aise (le bien-être) ; la **mal**faisance (la bienfaisance) ; un **mal**faiteur = un criminel (bienfaiteur = donateur)

– des noms/adjectifs :

un **mal**heureux = un pauvre, un misérable (un bienheureux =une sorte de saint) ; un **mal**entendant = un sourd

– Des verbes :

malmener ; **mal**traiter

– Des adverbes :

maladroitement, (adroitement), **mal**honnêtement, (honnêtement)

Quelques remarques :

a. Le mot « mal » s'associe parfois à des mots qui n'existent pas :

Ainsi : **malveillant (bienveillant)** est formé sur un mot *veillant* qui n'existe pas comme adjectif.

On remarquera que l'antonymie, ici, est formée sur l'opposition : mal/bien.

b. attention à la différence entre : **malpropre** et **impropre**. Ces deux préfixes donnent des sens différents aux deux adjectifs : malpropre = sale ; impropre = qui ne convient pas.

c. **le mot malgré** : est formé sur le préfixe « mal » et sur un mot vieilli « gré » qui signifie « ce qui plaît, ce qui convient » et qui entre dans de nombreuses locutions. Cherchez dans le dictionnaire le sens des expressions suivantes : *bon gré, mal gré, de gré ou de force, de son plein gré.*

Bilan autocorrectif

//

Maintenant, vous savez...

A – Utiliser correctement les formules d'appel et les formules finales de politesse.

/// 1. Reliez. ... /3

a. Mon trésor,

b. Cher monsieur Patureau,

c. Monsieur le Directeur,

d. Chers amis,

e. Mon vieux Max,

f. Madame, Monsieur,

1. Très amicalement à toi.

2. Très cordialement à vous.

3. Mille baisers, mon petit cœur.

4. Recevez mes salutations distinguées.

5. Je vous prie d'agréer l'expression de mon très profond respect.

6. Je vous prie d'agréer, Monsieur, l'expression de nos sentiments dévoués.

B – Interpréter correctement les sentiments d'un correspondant.

/// 2. Situation : l'envoi d'un bibelot commandé sur Internet ne correspond pas à l'annonce. L'acheteur envoie un message au vendeur. Notez ces phrases de 1 à 4, de la plus modérée à la plus virulente. ... /2

a. J'ai bien reçu votre paquet. L'objet ne correspond pas vraiment à la photo et son état n'est pas « parfait », comme vous le disiez. ☐

b. Je serais tenté de porter plainte car il y a, à mon avis, tromperie sur la marchandise : le bibelot que j'ai reçu est une vulgaire copie et non une pièce originale. ☐

c. Vous m'avez bien eu. Mais je ne suis pas de ceux qu'on berne impunément. Vous entendrez parler de moi, n'ayez crainte ! Ça ne se passera pas comme ça. ☐

d. Merci pour l'objet que vous m'avez envoyé qui, cependant, ne correspond pas tout à fait à la description que vous m'en aviez faite. ☐

/// 3. Quelle phrase correspond le plus exactement aux paroles de la principale du collège ? ... /2

Madame Molineux, principale de collège, répond à la mère d'un élève qui s'est plainte.

« [...] *Il n'est pas impossible que votre fils Alexis ait eu à subir des intimidations de la part d'autres élèves, comme vous le dites, même si personne, jusqu'à ce jour, ne s'est plaint de pareils agissements. Croyez bien que nous exercerons une vigilance accrue afin de les faire cesser, au cas où ils auraient réellement eu lieu.* »

a. Elle nie le fait qu'Alexis ait pu être victime de ses camarades de classe mais elle promet de vérifier.

b. Elle admet que c'est fort possible malgré la grande vigilance des professeurs et de l'administration.

c. Elle met en doute la parole du collégien même si elle reconnaît que ce qu'il dit n'est pas forcément faux.

d. Elle s'inquiète des agissements des collégiens à l'égard d'Alexis et promet qu'elle fera le nécessaire pour qu'ils cessent.

C – Utiliser le lexique de la protestation.

/// 4. Chassez l'intrus. ... /2

a. monter sur ses grands chevaux – reprocher – critiquer – blâmer – se plaindre – râler – planter.

b. la désapprobation – le blâme – la résignation – la réprobation – l'exaspération – le mécontentement.

D – Utiliser le mode qui convient.

/// 5. Indicatif ou subjonctif ? Entourez la bonne réponse. ... /5

a. J'ai écrit trois fois à mon prof sans qu'il prend/prenne la peine de me répondre.

b. J'ai obtenu une note très médiocre à mon partiel alors que mes copains en ont eu/aient eu une excellente.

c. Je veux bien revoir votre note à condition que vous refaites/refassiez votre travail.

d. J'ai refait mon commentaire de texte si bien que mon prof a changé/ait changé ma note.

e. Il a refusé de modifier ma note bien que je lui ai écrit/aie écrit pour lui expliquer que j'étais malade le jour de l'examen.

f. Il n'est pas question que je change d'avis même si vous insistez/insistiez.

E – Rapporter un discours à une période du temps différente.

/// 6. Passage au discours rapporté. ... /6

Le 1ᵉʳ novembre 2008, Marie est allée à Roissy chercher son amie Laurie qui arrivait de Bangkok, où elle vit, pour passer quelques jours en France. Voici son programme :

« *Tu sais, je ne suis à Paris qu'aujourd'hui et demain. Après-demain, je dois aller à Zurich voir mon oncle Franck. Hier soir, quand j'ai quitté ma mère à Bangkok, elle m'a fait promettre d'y aller. C'est son frère préféré. Je reviens à Paris au début de la semaine prochaine* ».

En décembre, Marie raconte ce que lui a dit Laurie.

La dernière fois que j'ai vu Laurie, c'était vraiment en coup de vent ! Je me souviens, c'était le jour de la Toussaint, le 1ᵉʳ novembre. On était à Roissy (j'étais allée la chercher) et elle m'a expliqué qu'elle...

....

....

....

....

....

....

....

....

....

....

Comptez vos points

→ DE 15 À 20 : BRAVO ! Vous êtes excellent. Vous êtes prêt à protester contre tout et contre tout le monde.
→ DE 10 À 15 : Pas mal, pas mal ! Regardez ce qui va moins bien.
Si c'est la grammaire, regardez à nouveau les pages *Grammaire et Vocabulaire* des leçons 2 et 3.
→ MOINS DE 10 : Attention ! Refaites ces exercices en regardant les leçons de cette unité avec leur corrigé.

UNITÉ 2 – INTRODUCTION

//

DÉCRIRE UNE SENSATION, UNE IMPRESSION, UNE ÉMOTION, UN SENTIMENT

Sensation, impression, sentiment, émotion, ces quatre termes, bien que proches, ont chacun un sens qui leur est propre.

• **La sensation** est le résultat de notre perception du monde par nos cinq sens : la vue, le toucher, l'ouïe, le goût, l'odorat.
La sensation est physique, physiologique.

• **L'impression** est une forme de connaissance immédiate et vague que l'on a d'un être, d'un objet, d'un événement. L'impression part de la sensation.
Je ressens comme une impression de malaise. Ce malaise est-il réel ? On ne le sait pas.
J'ai eu une impression de « déjà vu ».

• **Le sentiment** est quelque chose de plus intériorisé, d'affectif. C'est un état psychologique et non pas physiologique.

• **L'émotion** est une sensation agréable ou désagréable, considérée du point de vue affectif : elle combine l'aspect physique de la sensation et le côté intérieur du sentiment.

Le vocabulaire de la sensation, du sentiment, de l'impression, de l'émotion est riche :
*On **tend l'oreille** et on **entend** le grincement de la porte... ; on **distingue** le bourdonnement des abeilles, on **perçoit** le pas régulier d'un cheval.*
*Je **regarde** une fleur et **je vois** tout un monde... ; **elle scrute** l'horizon pour **apercevoir** le bateau...*
*Elle **caressait** distraitement son chat qui **ronronnait** de plaisir.*
*Je **sens** les odeurs les plus délicieuses...*
*Dans l'amitié, on **éprouve un sentiment** d'intimité...*
*La **nostalgie** ressuscite un univers où **images, sons, odeurs, couleurs** se mêlent. Est-ce **de la joie, de la tristesse, de la mélancolie** ? C'est **le chagrin** intime que l'on ressent devant une perte...*

Pour en rendre compte, on peut utiliser plusieurs procédés :
• **Des comparaisons** :
*Le coup de foudre est **comme** un coup de tonnerre.*
*C'est **comme** une révolution qui s'opère en nous.*
• **Des images** : *En amour, les mélancoliques **s'enflamment**, les plus tristes **s'illuminent**.*
• **Des métaphores** : *le coup de foudre **est un cataclysme.***

UN DÎNER INSOLITE

OBJECTIF FONCTIONNEL : Décrire une sensation, une impression, un sentiment.
LEXIQUE : Les cinq sens.
GRAMMAIRE : Expression de la comparaison, de l'intensité – *Comme si* + imparfait.
FAITS DE LANGUE (1) : Les adverbes terminés en *-ons*.
FAITS DE LANGUE (2) : Les adverbes en *-amment* et *-emment*.

NOIR, C'EST NOIR... MAIS PAS TRISTE !

Pour la troisième année consécutive, l'association *AAMVT – Partageons le noir* vous propose de participer à ses dîners mensuels dans le noir complet.

Cette expérience vous permettra de comprendre, de l'intérieur, ce que ressentent au quotidien les personnes non-voyantes ou malvoyantes.

Rendez-vous le premier jeudi du mois à 20 h au *Petit Bouchon*, 12 rue du Sabot, Toulouse.

Fabrice D. témoigne sur son blog.

Le blog de Fabrice //

Eh bien, récemment, j'y suis allé, à ces fameux dîners. Des copains suisses m'avaient parlé d'un truc du même genre qu'ils avaient fait à Zurich l'année dernière. Ils avaient été très impressionnés et ça m'avait troublé parce que, eux, pour les impressionner, il faut vraiment se lever tôt !

En plus, cette année, dans mon cours de psychologie sociale, il y avait une fille aveugle qui venait avec son chien. Je m'étais posé pas mal de questions. Bref, quand j'ai vu cette affiche dans le hall de la fac, je me suis dit : voilà l'occasion de faire l'expérience. J'ai essayé de convaincre ma copine de venir avec moi mais elle, ce genre de truc, ça ne la branchait pas trop.

Pour dire la vérité, quand je me suis retrouvé à l'entrée du restau, je n'en menais pas large, j'ai même failli faire demi-tour. J'aurais eu tort. On nous a fait entrer dans une salle noire, mais noire ! On nous avait demandé d'ôter nos montres, de laisser nos portables, de jouer le jeu, quoi ! On n'y pense jamais mais le noir absolu, ça n'existe pour ainsi dire jamais. Il y a toujours un petit bout de jour, de lumière. Et là, rien.

Le noir total. On devient incroyablement pataud*, peur de trébucher, de se casser la figure*. On avance à tâtons, les bras devant soi. Quelqu'un qui nous verrait pourrait croire qu'on a un sacré coup dans l'aile ! On se raccroche au type d'à côté, on tâtonne, on finit quand même par trouver une chaise et s'asseoir. Ouf ! J'ai l'estomac noué. J'ouvre tout grands les yeux mais rien, rien, rien ! Je ne vois rien. Alors, on essaie de compenser : avec les doigts, on fait connaissance de son domaine : mon assiette, mon verre, mes couverts. Je me sens mal à l'aise, j'ai peur de frôler mon voisin (ou ma voisine ?). Il ou elle sent bon. *Eau sauvage* de chez Dior, je crois. Je parie pour une femme. Mine de rien, je dis : « *Eau sauvage* ? » Elle répond. Gagné !

C'est comme si on perdait tous ses repères : le sens des volumes et des formes (la salle du restau est-elle grande ou petite ? Carrée, rectangulaire, ronde, ovale... ?), le sens des distances. Je sens que ma serviette est en coton,

...

…

je l'imagine très blanche, je ne sais pas pourquoi, et elle sent le propre. Pas pour longtemps car dès que le plat est sur la table, j'ai dû en mettre la moitié à côté. Un plat en sauce, ils exagèrent ! Et pour couper la viande, bonjour les dégâts ! Chose curieuse, je suis incapable de reconnaître ce que c'est comme viande. Du veau, peut-être ? Quant au vin, là aussi, impossible d'identifier. Du rouge, c'est presque sûr, mais à part ça… ! Et pas facile d'en verser dans mon verre. J'ai presque envie de boire au goulot, ça serait plus simple. Puisque personne ne me voit. Non, quand même ! […]

On commence à parler, je ne reconnais pas ma voix, c'est drôle, elle est plus aiguë, pas du tout comme je l'entends habituellement ou plutôt, j'ai l'impression de l'entendre pour la première fois. Tout le monde parle de plus en plus fort. Peut-être parce qu'on sent un peu d'appréhension ou peut-être parce que d'habitude, on regarde les gens à qui on parle. Mais là !

Les gens rient, on est tous super excités. C'est comme si on était redevenus des mômes ! On éprouve un sentiment d'intimité avec les autres dîneurs, comme si les barrières s'abolissaient. J'ai comme une envie de les serrer dans mes bras. […] Après le dîner, quand on s'est retrouvés au jour, on s'est regardés et…

* **pataud** = maladroit.* **se casser la figure** = tomber.

/// **1.** Pour quelles raisons Fabrice se décide-t-il à faire cette expérience ?

....

/// **2.** Imaginez les questions que Fabrice s'est posées concernant l'étudiante aveugle ?

....

/// **3.** À votre avis, pourquoi son amie refuse-t-elle de l'accompagner ? Imaginez ce qu'elle peut dire.

....

/// **4.** Comment, lors du dîner, Fabrice essaie-t-il de compenser le fait de ne pas voir ?

....

/// **5.** Ne rien voir modifie certaines sensations, certains sens pour Fabrice. Lesquels ?

....

/// **6.** Fabrice utilise un français assez familier. Comment, dans ce contexte, comprenez-vous les expressions suivantes :

a. Pour les impressionner, il faut vraiment se lever tôt ! = ...

b. Ce genre de truc, ça ne la branchait pas trop. = ...

c. Je n'en menais pas large. = ...

d. Avoir un sacré coup dans l'aile. = ...

e. Bonjour les dégâts ! = ...

/// **7.** La dernière phrase est inachevée. Comment, à votre avis, peut-elle se terminer ?

....

Sensations, impressions, sentiments

Des noms

les cinq sens : la vue, l'ouïe, l'odorat, le goût, le toucher – une sensation – une impression – une émotion, un émoi – la panique – la terreur – la peur – la crainte – l'appréhension – l'angoisse – l'incertitude – l'inconfort – le malaise

Des verbes

avoir l'impression que... – éprouver, sentir, ressentir (une sensation, une impression, un sentiment) – percevoir

Des verbes

une angoisse diffuse – (être) impressionné, troublé, ému

Des expressions

être mal à l'aise – ne pas être dans son assiette (= ne pas se sentir comme d'habitude)
perdre ses repères, perdre ses marques – être désorienté – perdre le nord – avoir l'estomac noué (angoisse) – avoir des sueurs froides (terreur) – avoir une peur bleue – avoir la trouille (fam.)

/// 8. Qu'est-ce que « le sixième sens » ?

....

/// 9. Relisez l'introduction page 29 et donnez le sens exact des mots une sensation et un sentiment.

....

Dans les phrases suivantes, est-il plutôt question d'un sentiment ou d'une sensation ?

a. J'avais les mains moites, mon cœur battait à cent à l'heure : ....

b. Sa remarque me fit un peu de peine mais je n'en laissai rien paraître : ....

c. J'étais très heureux de me retrouver auprès des miens pour fêter Noël : ....

d. J'eus soudain l'impression que je n'étais plus seul dans la pièce : ....

e. Mon estomac crie famine. Quand est-ce qu'on dîne ? : ....

f. Depuis toujours, j'ai eu peur du vide. Dès que je suis à un mètre du sol, j'ai un vertige épouvantable : ....

g. Elle se sentait pleine de rancune envers le destin : ....

h. J'ai toujours eu confiance en vous : ....

/// 10. Reliez chacun de ces verbes à l'un des cinq sens. Aidez-vous de votre dictionnaire.

apercevoir – caresser – contempler – déguster – dévisager – écouter – effleurer – entendre – flairer – humer – ouïr – palper – pétrir – se régaler – regarder – savourer – sentir – tâter – tâtonner – toucher – voir

La vue : ....

L'ouïe : ....

Le goût : ....

Le toucher : ....

L'odorat : ....

Faits de langue (1)

Les adverbes qui ont un suffixe.
Actuellement, le seul suffixe pour les adverbes est **-ment** sauf : *à tâtons, à reculons*.

L'expression de la comparaison

1. Quelques emplois de COMME (rappel)

Je crois que tout le monde était comme moi, angoissé.

Je me sentais comme perdu, maladroit, stupide.

On était comme des mômes.

Ma voix n'est pas comme je l'entends d'habitude.

C'est comme si j'avais perdu tous mes repères.

Attention : COMME SI est généralement suivi de l'imparfait ou du plus-que-parfait.

Manière de dire : *C'était impressionnant* **comme tout** (= très impressionnant).

2. Attention :   **a.** *C'est la plus belle expérience qu'on puisse faire !*

ou   **b.** *C'est l'expérience la plus belle qu'on puisse faire !*

MAIS   **a.** **« C'est la plus passionnante expérience qu'on puisse faire ! »*

          b. *C'est l'expérience la plus passionnante qu'on puisse faire !*

→ Attention : la structure (a) n'est possible qu'avec des adjectifs que l'on peut placer AVANT le nom.

Et rappel, on ne peut <u>jamais</u> dire : **« C'est l'expérience plus passionnante qu'on puisse faire ! »*

3. La progression « parallèle » dans la comparaison (rappel)

Plus le temps passait, plus je me sentais détendu./Plus le temps passait, moins j'étais angoissé.

Remarque : *Autant..., autant...* exprime à la fois la comparaison et l'opposition.

Autant il était angoissé avant le dîner, autant il s'est senti détendu après.

Attention à ne pas confondre *autant* et *d'autant plus que* **qui exprime la cause.**

Il avait envie d'aller à ce dîner, d'autant plus qu'on lui en avait souvent parlé. (On indique une raison supplémentaire et déterminante = *et surtout parce que...*)

4. Souvent, le préfixe exprime l'idée d'intensité forte *(archi-, super-, hyper-, extra-, ultra-...)* **ou faible** *(sous-, hypo-).*

/// **11.** Quelle différence y a-t-il entre *une supérette*, *un supermarché* et *un hypermarché* ?

/// **12.** Reportez-vous au point grammatical 2. Ces trois phrases utilisent la structure (b) qui est toujours possible, quel que soit l'adjectif. Mais dans quel cas pourrait-on aussi employer la structure (a) ?

Faites la transformation quand elle est possible.

a. C'était la décision la plus facile à prendre.

b. Vous avez là l'exemple le plus beau de solidarité.

c. Je pense que c'est la solution la plus économique.

Faits de langue (2)

Les adverbes terminés en *-emment, -amment* viennent d'adjectifs en *-ent* ou *-ant* (*prudent* → *prudemment* ; *évident* → *évidemment* ; *différent* → *différemment* ; *intelligent* → *intelligemment* ; *ardent* → *ardemment* // *savant* → *savamment* ; *puissant* → *puissamment* ; *constant* → *constamment...*).

Attention aux exceptions : *lent* → *lentement* ; *présent* → *présentement.*

Remarque : *précipitamment* et *notamment* viennent de participes présents et non d'adjectifs.

/// **13.** De quels adjectifs sont dérivés les adverbes suivants :

a. brillamment = ...

b. étonnamment = ...

c. excellemment = ...

d. négligemment = ...

e. pesamment = ...

f. récemment = ...

Evgen Bavcar, le « voyeur absolu »

Ce célèbre photographe, né en 1946, d'origine slovène, est au sens propre du mot extraordinaire. À l'âge de onze ans, il perd progressivement la vue et, quelques années plus tard, se met à photographier. Il veut montrer qu'on peut « voir » autrement qu'avec les yeux. L'appareil photo est donc pour lui un peu comme un « œil intérieur ».

La photo est d'abord un concept, une idée, une image mentale. Et l'essentiel, pour lui, est que les autres, ceux qui regardent ses œuvres, voient cette image mentale.

Professeur à l'Institut d'esthétique des arts contemporains (IEAC) de Paris, Evgen Bavcar a exposé ses œuvres un peu partout dans le monde. Il a écrit un ouvrage très remarquable, *Le voyeur absolu*, Paris, Seuil, collection Fiction & Cie (1992).

/// **14.** Cherchez sur Internet des informations complémentaires sur Evgen Bavcar.

....
....
....
....
....
....

/// **15.** Comment comprenez-vous le titre de son livre : *Le voyeur absolu* ?

....
....

/// **16.** Vous lui écrivez une lettre pour lui demander des précisions sur sa manière de photographier et pour lui exprimer votre sentiment après avoir vu la photo ci-dessous.

....
....
....
....
....
....
....
....
....
....
....
....

/// 17. Les aveugles au musée.

En France (et ailleurs aussi !), certaines séances dans les musées sont organisées pour les non-voyants et malvoyants. Organi-sez, pour eux, une visite dans l'un des musées de votre ville (musée de peinture, de sculpture, éco-musée...). Vous pouvez vous aider en vous connectant sur le site «Musée au bout des doigts».

Faites l'itinéraire et prévoyez des activités.

....
....
....
....
....
....
....
....
....

/// 18. Dans une revue récente, une journaliste donnait des conseils de maquillage destinés aux femmes non-voyantes. Imaginez ce que pourraient être ces conseils.

....
....
....
....
....
....
....
....
....
....

// MANIÈRES DE DIRE

Il n'est pire sourd que celui qui ne veut pas entendre.
Au royaume des aveugles, les borgnes sont rois.
Il n'a pas les yeux dans sa poche.
Être sourd comme un pot.

Se faire tirer l'oreille pour faire quelque chose.
Avoir du nez.
Ça se voit comme le nez au milieu de la figure.
Je ne peux pas le sentir !

....

Complétez avec l'une de ces expressions.

a. Tu as très bien compris ce que je veux dire. Ne fais pas semblant de ne pas comprendre ! ....

b. Allez, donne-moi un coup de main. C'est terrible ! Il faut toujours que tu .... pour aider !

COUP DE FOUDRE

OBJECTIF FONCTIONNEL : Décrire une émotion violente.

LEXIQUE : Le coup de foudre, l'amour, la passion.

GRAMMAIRE : Les adverbes *tout* et *même* – Le pronom *soi*.

FAITS DE LANGUE (1) : *Un coup de...*

FAITS DE LANGUE (2) : Les mots terminés en *-ac, -ec, -ic, -oc, -uc.*

FAITS DE LANGUE (3) : Les mots « orphelins », à contexte unique.

« *Quand nos regards se sont croisés,* raconte Myriam, *ça a été comme un coup de tonnerre, un choc, une commotion violente ; c'est comme si j'avais pris brutalement 100 000 volts. J'étais là, pétrifiée, stupide, les mains tremblantes, mon cœur s'est presque arrêté de battre... C'était lui, c'est tout. Lui ! Celui que j'attendais depuis toujours* ».

Voici, peu ou prou*, ce que racontent tous ceux qui ont vécu le coup de foudre.

Souvenez-vous de Phèdre :

> Je le vis, je pâlis, je rougis à sa vue ;
>
> Un trouble s'éleva dans mon âme éperdue ;
>
> Mes yeux ne voyaient plus, je ne pouvais parler ;
>
> Je sentis tout mon corps et transir et brûler.
>
> Je reconnus Vénus et ses feux redoutables...
>
> Racine, *Phèdre* (acte 1, scène 3)

Outre la *Phèdre* de Racine, bien des amants célèbres l'ont éprouvé, ce choc : *Hélène et Pâris, Tristan et Iseult, Héloïse et Abélard, Roméo et Juliette, La princesse de Clèves et le duc de Nemours, Madame de Rênal pour Julien Sorel...* et tant d'autres ! Le coup de foudre arrive sans crier gare*, sans que vous l'ayez cherché ou voulu, et personne ne peut se vanter d'être à l'abri de ce cataclysme. Les plus timides se découvrent audacieux, les mélancoliques s'enflamment, les plus tristes s'illuminent... c'est comme une révolution qui s'opère en nous. Au sens le plus strict, on n'est plus soi-même, on perd toute capacité de juger l'autre raisonnablement, sereinement, avec ses qualités et ses défauts. On est « éperdument » amoureux. Et dans *éperdu*, il y a bien « perdu ». On se perdrait pour elle ou pour lui. On le ou on la suivrait au bout du monde, sans un regard derrière soi, abandonnant père, mère, époux, enfants... On est prêt à tout !

Le coup de foudre peut-il s'expliquer ?

Pour certains, tout serait une question d'hormones. Et sont cités pêle-mêle

...

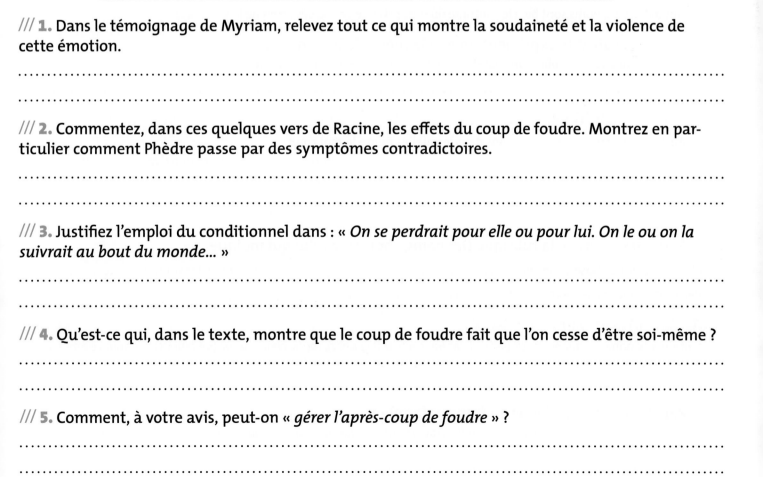

...

bien des noms barbares : les phéromones, l'ocytocine, la dopamine ou d'autres. Réaction chimique peut-être, mais la physiologie n'explique certainement pas tout, heureusement.

Attention, danger !

D'abord, le coup de foudre, hélas, n'est pas toujours réciproque et cette non réciprocité peut faire des ravages. Souvenez-vous de Phèdre, elle encore, dédaignée* par le bel Hippolyte qu'elle poursuit furieusement, « tout entière à sa proie attachée ». La pièce de Racine se termine par un désastre général : Phèdre entraîne à leur perte tous les personnages.

Mais attention aussi, même lorsque le coup de foudre est partagé, au retour sur terre. On plane, c'est très bien. Mais il faudra bien atterrir un jour. Et la désillusion sera d'autant plus forte qu'on aura volé haut ! Savoir gérer « l'après-coup de foudre » est tout un art !

* peu ou prou = plus ou moins, à peu près.
* sans crier gare = sans prévenir, à l'improviste.
* dédaignée = méprisée, rejetée, refusée.

Anne-Lise Miolis

/// 1. Dans le témoignage de Myriam, relevez tout ce qui montre la soudaineté et la violence de cette émotion.

....

....

/// 2. Commentez, dans ces quelques vers de Racine, les effets du coup de foudre. Montrez en particulier comment Phèdre passe par des symptômes contradictoires.

....

....

/// 3. Justifiez l'emploi du conditionnel dans : « *On se perdrait pour elle ou pour lui. On le ou on la suivrait au bout du monde...* »

....

....

/// 4. Qu'est-ce qui, dans le texte, montre que le coup de foudre fait que l'on cesse d'être soi-même ?

....

....

/// 5. Comment, à votre avis, peut-on « *gérer l'après-coup de foudre* » ?

....

....

Amour, passion, coup de foudre...

Des noms

l'amour – la passion – le coup de foudre

une amourette, un flirt, un béguin (= amour léger, passager, sans conséquence)

un cataclysme – un ravage – un désastre – un bouleversement – une calamité – une commotion – un choc – une désillusion – une déception – une déconvenue – le désenchantement

Des verbes

aimer – adorer – se passionner pour... – s'éprendre de quelqu'un – chérir – idolâtrer

être amoureux – épris – fasciné – pétrifié – éperdu – subjugué

Des adjectifs

une angoisse diffuse – (être) impressionné, troublé, ému

Des expressions

tomber amoureux de quelqu'un (et NON *« tomber en amour ») – brûler pour quelqu'un – l'amour fou

/// 6. Les préfixes en dé- ou dés- (rappel).

illusion → **dés**illusion – *enchantement* → **dés**enchantement

MAIS *déception* n'est pas le contraire de *** « ception » (ce mot n'existe pas)

Parmi les mots suivants, lesquels sont le contraire du mot privé de dé- ou dés- ?

Exemples : **la déraison** = OUI, c'est bien le contraire de **la raison** ; **la détresse** = NON, ce n'est pas le contraire de **la tresse** (le mot existe mais signifie tout à fait autre chose).

le déchirement – la découverte – la délicatesse – le département – le désamour – le désavantage – le désespoir – le désintérêt – la désolation – la désunion

(Pour vous aider, cinq noms sont bien le contraire du mot privé de *dé-* ou *des-*, cinq ne le sont pas.)

/// 7. Les noms suivants expriment un peu la même idée. Laquelle ?

un cataclysme – une catastrophe – un désastre – un bouleversement – une calamité – un ravage

....

Faits de langue (1) Lexique

Il existe de très nombreuses expressions dans lesquelles figure le mot *coup* :

faire quelque chose sur un coup de tête – avoir un coup de barre, un coup de fatigue – jeter un coup d'œil – passer en coup de vent – avoir un coup de cœur pour quelque chose – avoir un coup de cafard – donner un coup de balai – se donner un coup de peigne

/// 8. Parmi les noms de la rubrique *Des noms*, choisissez celui qui indique ...

a. l'idée de quelque chose de violent .... b. l'idée de quelque chose de bref, d'instantané ....

c. l'idée de quelque chose d'extrême, de définitif ....

Faits de langue (2) Phonétique

Attention aux noms terminés en *-ac* (le trac), *-ec* (un bec), *-ic* (le public), *-oc* (le choc) ou *-uc* (un truc). On prononce en général la consonne finale (exceptions : *le tabac, un banc, du caoutchouc*...).

/// 9. Répétez ce petit dialogue en français familier.

– Quel bric-à-brac dans ton sac à main ! Il y a mille trucs inutiles et quel désordre ! Regarde, du fric en vrac tout au fond, une photo de ton mec...

– Dis donc ! Arrête de fouiller dans mon sac, arrête de faire le flic !

1. L'adverbe TOUT (rappel)

Normalement, comme tous les adverbes, TOUT (au sens de *très, complètement, absolument*) devrait être invariable ; mais lorsqu'il est suivi d'un nom féminin commençant par une consonne, il s'accorde avec ce nom.

*C'est Vénus **tout entière** à sa proie attachée.*

*Elle était **tout heureuse** de le rencontrer.*

*Elles étaient **tout émues, tout étonnées**...*

Mais

*Elle était **toute contente.***

*Elles étaient **toutes fières** d'avoir réussi.*

2. Le pronom SOI

Il ne peut représenter que quelque chose de général, d'impersonnel.

Chacun pour soi et Dieu pour tous.

On a toujours besoin d'un plus petit que soi.

Ah ! Il vaut mieux travailler pour soi que pour les autres.

Après la réunion, tout le monde est rentré chez soi.

Attention, ne confondez pas *soi* et *soit... soit...*

3. L'adverbe MÊME donne à un argument une importance plus grande qu'à ceux qui l'ont précédé.

Même quand tout marche bien, attention à la désillusion.

Je ne le quitterais pas, même pour une fortune.

4. OUTRE, EN OUTRE (rappel)

– La préposition OUTRE + groupe nominal : *Outre la* Phèdre *de Racine...* (= en plus de...)

– L'adverbe de lieu OUTRE que l'on rencontre dans la locution verbale : PASSER OUTRE (= faire quelque chose malgré une interdiction, malgré un obstacle).

Tout le monde lui a conseillé de renoncer à son voyage mais il est passé outre et il est parti.

– L'adverbe EN OUTRE (= *D'autre part... Par ailleurs... De plus...*).

/// **10.** À votre avis, la phrase : *Elles étaient toutes toutes fières d'avoir réussi* est-elle possible ? Justifiez votre réponse.

....

....

/// **11.** *Soi* ou *lui/elle* ? Entourez la bonne réponse.

a. Après le théâtre, chacun est rentré chez soi/lui.

b. Chacune d'entre vous, mesdemoiselles, décidera pour soi-même/elle-même.

c. C'est une personne égoïste qui ne pense qu'à soi/elle.

d. Dans la vie, mon cher, l'essentiel est d'avoir confiance en soi/lui.

e. Tous les gens sont rentrés chez soi/eux très satisfaits de leur soirée.

Faits de langue (3)

Certains mots orphelins n'ont aucune existence sauf dans une locution figée.

Par exemple, en français contemporain, *prou* n'existe que dans l'expression « peu ou prou » ; *fur* n'existe que dans l'expression « au fur et à mesure » ; *pêle* n'existe que dans l'expression « pêle-mêle »...

À vous de continuer cette petite liste.

/// **12.** Faites un compte rendu de ce texte (150 mots environ).

Le coup de foudre amoureux, un phénomène social ?

Si, dans le passé, le choix d'un conjoint était soumis aux contraintes sociales, celles-ci se sont fortement atténuées et nos amours, croyons-nous, n'appartiennent désormais qu'à nous.

Nous faisons la part belle au « divin hasard » lorsque nous repensons à nos parcours amoureux et nous ne sommes pas prêts à concevoir qu'ils puissent être modelés par l'organisation sociale.

Et pourtant, étrangement et presque à notre insu, les couples sont loin de se former aussi librement que nous le pensons. La tendance homogamique, qui consiste à choisir un partenaire socialement proche, est toujours évidente et ne s'assouplit pas, quels que soient les types d'union (mariage, remariage, concubinage, union libre) : aujourd'hui presque autant qu'hier, c'est quelqu'un « comme nous » que nous choisissons d'aimer.

Comment comprendre cette régularité des unions homogamiques ?

Nous savons tout d'abord, grâce aux travaux de P. Bourdieu *(La distinction. Critique sociale du jugement,* Paris, Minuit, 1979), que la répartition des goûts correspond aux différences de positions sociales. En ce sens, l'attraction ou le désintérêt que produisent les caractéristiques physiques, les allures, les façons d'être... etc. de ceux que nous rencontrons sont socialement marqués.

Nous savons également que les lieux de rencontre ne sont pas socialement neutres. Dans les classes populaires, les rencontres se font plutôt dans les espaces publics (fêtes, rues, centres commerciaux...) ; les espaces réservés (travail, études, vacances...) caractérisent plutôt les rencontres des professions intellectuelles ; et ce sont dans les espaces strictement privés (groupes d'amis ou familles) que se retrouvent essentiellement les cadres du secteur privé ou les membres des professions libérales.

Les travaux de N. Elias *(La Civilisation des mœurs,* Paris, Calman-Lévy, 1973) nous ont de plus appris que les normes et les valeurs structurant un ensemble social sont très largement adoptées par les individus. Les préférences d'un individu correspondent à celles que l'histoire a déposées en lui et elles varient d'un groupe à l'autre. Dans les milieux populaires, par exemple, les femmes préféreront les hommes stables professionnellement alors que dans les classes supérieures, les femmes seront plus attentives aux qualités d'éducation ainsi qu'aux manifestations d'assurance.

Et cependant, une question demeure : comment et pourquoi ces normes, implicites mais vigoureuses, coexistent-elles avec le sentiment d'une liberté de choix et avec la valorisation du sentiment amoureux ? Ou, en d'autres termes, comment le sentiment amoureux qui nous apparaît comme ce qui est le plus intime peut-il être orchestré par les normes sociales ?

Il nous a semblé que pour répondre à cette question, l'un des meilleurs terrains de recherche était l'amour fou, inauguré par le coup de foudre, qui semble dénué de toute contrainte sociale. Et c'est afin d'interpréter la dialectique de l'amour et de la contrainte sociale que nous avons mené une enquête sur le coup de foudre, sans le définir préalablement puisque c'est à travers le point de vue de ceux qui nous en ont parlé qu'il convenait d'en chercher et la définition et les significations. (488 mots)

D'après M-N SCHURMANS in Sciences humaines août/sept. 1998.

....

....

....

....

....

....

/// **13.** Choisissez l'un des couples mythiques dont il a été question dans le texte, page 36. Si nécessaire, cherchez des informations sur Internet. Racontez leur histoire en une vingtaine de lignes.

....

....

....

....

....

....

....

....

....

....

....

/// **14.** Avez-vous déjà eu ou connaissez-vous quelqu'un qui ait déjà eu un coup de foudre ? *Décrivez cette expérience.*

....

....

....

....

....

....

....

....

....

....

// MANIÈRES DE DIRE

Je suis amoureux/amoureuse

En français familier, au XXe siècle :
J'en pince pour lui.
Je l'ai dans la peau, j'en suis marteau.
Je suis mordu.

Au XXIe siècle (langage des jeunes)
J'ai flashé sur lui.
Je le kiffe grave, je suis accro !

LEÇON

6

NOSTALGIE...

OBJECTIF FONCTIONNEL : Décrire des sentiments, des sensations...
LEXIQUE : La nostalgie, la mélancolie, la réminiscence...
GRAMMAIRE : La relative explicative – L'apposition – L'énumération.
FAITS DE LANGUE (1) : *Extrême, extrémité.*
FAITS DE LANGUE (2) : La valeur positive du mot "jamais".

C'était à...

La vie se charge de déplacer les personnes et les choses, de bousculer les lieux et les paysages. La ville qu'on a connue dans son enfance et qu'on a quittée n'existe plus, mais elle reste au fond de soi comme un domaine préservé, souvent visité et regretté.

Parfois, sur un marché, au début de l'été, la vue d'un plumbago, fleur délicate aux pétales bleu pâle, transperce le cœur d'une émotion d'abord indéfinissable ; puis peu à peu, on comprend que c'est l'émotion qui naît d'une réminiscence*, d'une impression de « déjà vu », de la révélation d'un fragment du passé.

Et voilà que simplement en fermant les yeux, on retrouve des sensations, des images ; une barrière en pierre le long de laquelle court une profusion de plumbagos. C'est la barrière du jardin du professeur de piano. On entend le grincement de la porte qu'on pousse avec la roue de la bicyclette, on prête l'oreille aux accords d'une sonate de Beethoven. On distingue le bourdonnement des abeilles autour des fleurs, on perçoit le pas régulier d'un cheval tirant une calèche ; tous les bruits, tous le sons reviennent à l'esprit, à l'oreille et on reste là, devant la fleur, dans ce temps suspendu.

On ne sait comment démêler ces émotions, plongé qu'on est dans la recherche des souvenirs ; est-ce de la joie, de la douceur ou de la tristesse, de la mélancolie ? C'est en réalité le chagrin intime qu'on ressent devant une perte, le regret de ne plus pouvoir retrouver ce qui manque à jamais, c'est le mal du pays, c'est la nostalgie.

Nostalgie d'un pays âpre* où l'ombre est glaciale en hiver et le soleil brûlant en été ; nostalgie d'une ville, kaléidoscope multicolore où se combinent le rouge brique des maisons, le vert des tuiles vernissées, le bleu profond du ciel, le jaune du mimosa, le violet des bougainvilliers !

Nostalgie des étés torrides où le soleil immobilise toute vie, où les persiennes fermées préservent l'ombre et gardent l'odeur du concombre et de la pastèque. Regret douloureux des plongeons dans une piscine dont l'eau fraîche apaise toutes les brûlures.

...

...

Mais surtout, nostalgie de l'enfance.

Les petites maladies sont des moments heureux veillés par des grands-mères qui chantent dans une langue étrange des chansons qu'on ne comprend pas et qui donnent envie de pleurer de tristesse et de bonheur. Les jours de fête, la maison s'emplit des odeurs les plus délicieuses ; odeur de la fleur d'oranger, de l'œillet poivré, des roses pompon ; odeur du bois de cèdre qui s'échappe en fumée d'un brûle-parfums ; odeur des plats les plus exquis où se mêlent la cannelle, le gingembre et le clou de girofle…

L'école est le lieu des amitiés pas-sionnées, celui de tous les jeux, corde à sauter, gendarmes et voleurs, un, deux, trois soleil, marelle… La rue, le terrain de sport des copains du quartier. De temps en temps la petite troupe d'enfants s'écarte pour laisser passer des dromadaires majestueux au pas lent et silencieux…

Ces évocations semblent ensoleillées, magiques, et pourtant elles laissent au cœur ce déchirement, cette peine extrême que l'on éprouve devant ce qu'on désire encore si fortement et que l'on n'a plus. Les dromadaires ont laissé la place à des voitures bruyantes, les lilas du Japon qui embaumaient l'espace ont été coupés, les amis se sont dispersés. Le tourisme a modifié la ville.

La nostalgie ressuscite un univers où images, sons, odeurs, couleurs, se mêlent et se fondent, dans une symphonie profonde, à la fois douce et amère*, douce de la beauté d'un monde rêvé, amère de la douleur d'un monde perdu.

Marianne Torcos, 2007.

* **une réminiscence** = un souvenir vague, imprécis. * **âpre** = rude, rigoureux. * **amer/amère** = ici, triste.

/// **1.** Expliquez ce qu'est, selon vous, l'impression de « *déjà vu* » ?

/// **2.** Qu'est-ce qu'un kaléidoscope ? (Servez-vous d'un dictionnaire.)

/// **3.** Essayez d'imaginer à quelle ville, à quel pays appartiennent les lieux décrits dans le texte. Justifiez votre réponse.

/// **4.** Relevez dans le texte tous les termes (adjectifs, noms), toutes les expressions qui renvoient au thème de la nostalgie.

/// **5.** À votre avis, la nostalgie donne-t-elle une image vraie, réelle des choses ?

> **Des noms**
> la nostalgie – le mal du pays – le regret – la douleur – la tristesse – la mélancolie – le chagrin – la souffrance – la peine – le déchirement
> le souvenir – la réminiscence – le sentiment – l'émotion – la sensation

> **Des verbes**
> sentir – ressentir – éprouver – désirer – percevoir – voir – regarder – entendre – écouter

> **Des adjectifs**
> passé – révolu – disparu – amer/amère – âpre – douloureux

> **Des expressions**
> transpercer le cœur (= atteindre profondément, faire souffrir)

/// 6. Quel est le sens de ces expressions qui contiennent le mot *cœur* :

a. Il a le *cœur* gros = ...

b. Je suis de tout *cœur* avec vous = ...

c. En apprenant la nouvelle, elle a reçu un coup au *cœur* = ...

d. Nous avons eu à *cœur* de finir le travail commencé = ...

e. Ils m'ont invité et j'ai accepté de grand *cœur* = ...

/// 7. Comment comprenez-vous les expressions suivantes ?

a. Il a agi <u>au vu et au su</u> de tout le monde. ....

b. L'homme est entré dans la bijouterie et, <u>ni vu ni connu</u>, il a dérobé un collier de grand prix. ....

c. Non, non, oubliez ce projet ! C'est <u>du déjà vu</u> ! ....

/// 8. Ne confondons pas : *ressentir* et *sentir*/*voir* et *regarder*/*voir* et *percevoir*/*entendre* et *écouter*.

a. Il est 5 heures du matin et on ....déjà les oiseaux. *(entendre* ou *écouter)*

b. Arrêtez-vous et ....! La montagne est si belle ! *(voir* ou *regarder)*

c. Le public ....religieusement la Cantate 51 de Bach. *(entendre* ou *écouter)*

d. Pour la première fois de sa vie, ce don Juan ....de l'amour pour quelqu'un. *(sentir* ou *ressentir)*

e. On dit que les animaux ....le danger avant tout le monde. *(sentir* ou *ressentir)*

f. Un peintre ....plus de nuances d'une même couleur que les autres personnes. *(voir* ou *percevoir)*

/// 9. Ne confondons pas : *mémoire* et *souvenir*.

a. Que de ....dans un album de photos !

b. Elle a une excellente ....Il lui suffit de lire un texte pour le retenir.

c. Il paraît qu'on peut exercer sa ....

d. La vie se passe à accumuler des ....

/// 10. Trouvez dans le texte un synonyme du mot : *souvenir*.

/// 11. En vous aidant du dictionnaire, classez ces mots du plus faible au plus fort.

a. un hurlement – b. un chuchotement – c. un cri

Faits de langue (1) Bizarrerie orthographique

> L'adjectif « extrême » a un accent circonflexe. Cet accent n'a pas de raison d'être ici (il ne remplace aucune lettre disparue). Il est ajouté par analogie avec d'autres mots, comme *fenêtre*, *bête*... Les dérivés, *extrémité*, *extrémisme*... ont normalement un accent aigu.

1. Un exemple particulier (et assez rare) de proposition relative explicative

Cette relative peut être introduite par un pronom relatif neutre « **que** », après un nom, un adjectif, un participe. Elle se construit en général avec le verbe « être » et elle a souvent une valeur causale. Cette structure appartient principalement à la langue parlée.

*On ne voit plus la foule, **plongé qu'on est** dans la recherche des souvenirs.*

***Étourdi que** je suis ! J'ai oublié mon rendez-vous !*

*Il roulait les « r » comme un **vrai méridional qu'il était.***

/// 12. Transformez les phrases suivantes de manière à former une proposition relative explicative.

Exemple : C'est un bon mathématicien : il a pu résoudre en quelques minutes ce problème difficile.

→ *En bon mathématicien qu'il est, il a pu résoudre ce problème difficile en quelques minutes.*

a. Tu es folle ! Tu n'as pas vu les dangers de l'escalade ! → ....

b. Il n'a pas entendu sonner, il était absorbé dans son travail. → ....

c. C'est un bon père ! Il surveille de près le travail de ses enfants. → ....

2. L'apposition

La vue d'un plumbago, fleur délicate aux pétales bleu pâle, transperce le cœur. La rue, le terrain de jeux des copains...
La nostalgie, le mal du pays....une ville, kaléidoscope multicolore...

L'apposition à un groupe nominal peut être :

– un autre groupe nominal avec, ou le plus souvent, sans déterminant. *La France, **vieille terre gauloise**... se trouve à l'extrémité de l'Europe. C'est Marius, tu te rappelles ? Oui, Marius, **le fils de César**...*

– des groupes adjectivaux : adjectifs, participes passés, participes présents qui suivent ou précèdent le groupe nominal.
***Timide**, l'enfant se tenait dans un coin du salon et jouait seul.*
*Des meubles, **oubliés depuis longtemps**, s'entassaient dans la cave.*

– une construction infinitive.
*Elle avait une idée fixe, **maigrir** et **devenir** mannequin.*

Le terme en apposition décrit, caractérise. Il est généralement séparé du groupe nominal par une virgule.

3. L'énumération

Se caractérise souvent, comme l'apposition, par l'absence de déterminant.

*... un univers où **images, sons, odeurs, couleurs** se mêlent.*

*... le lieu de tous les jeux ; **corde à sauter, gendarmes et voleurs, un, deux, trois soleil, marelle**...* C'est une structure qui appartient à la langue écrite.

/// 13. À la place de l'expression soulignée, utilisez une apposition, comme dans l'exemple. (Variez les structures.)

Exemple : Le lion est le roi des animaux. Il vit dans la savane africaine. → *Le lion, (le) roi des animaux, vit dans la savane africaine.*

a. La France est un vieux pays où il fait bon vivre. La France accueille chaque été des milliers de touristes de toutes les nationalités. → ....

b. La petite fille était pétrifiée. Elle regardait avec terreur l'armoire d'où elle croyait avoir entendu sortir un gémissement.

→ ....

c. Elle avait une seule occupation : c'était de regarder la télévision. → ....

Faits de langue (2) Petit point de grammaire

Attention ! Dans la locution adverbiale *à (tout) jamais* le mot « **jamais** » n'a aucune valeur négative. Au contraire, il a un sens positif. L'expression signifie : *pour toujours, éternellement. Pour jamais* a le même sens.

/// 14. Vous êtes un(e) habitant(e) du quartier de Saint-Germain-des-Prés. On vous interroge sur la vie du quartier, sur ses changements, sur son évolution. Vous répondez en regrettant ce qu'il était autrefois.

Voici quelques éléments de réponse :

Autrefois :

• Haut lieu de la vie intellectuelle; écrivains, philosophes, artistes.

• Nombreux cafés, bars...

• Librairies.

• Quartier vivant ; petites boutiques : drogueries, boulangeries, relieurs de livres, marchands de couleurs, luthiers...

• Vie nocturne très riche, clubs de jazz, théâtres...

• Vie sociale intense ; population mélangée et sociable, agréable...

Aujourd'hui :

• Où sont les écrivains célèbres, les philosophes, les artistes ?

• Présence de touristes curieux.

• Une seule librairie.

• À la place des petits commerces, boutiques de luxe (généralement de vêtements).

• Un ou deux clubs de jazz.

• Regrets, nostalgie d'une époque vivante et riche...

....

....

....

....

....

....

....

....

....

....

....

....

....

....

....

....

....

....

// 15. Que représente pour vous la nostalgie ? Est-ce un sentiment enrichissant ou un frein à la vie et au progrès ?

Écrivez un petit texte où vous donnerez votre point de vue ; vous l'illustrerez d'exemples personnels.

....

....

....

....

....

....

....

....

....

....

....

....

....

....

....

....

....

....

....

....

// MANIÈRES DE DIRE

Bruits et sons

Associez les termes de la liste A et B qui vont ensemble.

A	B
a. La porte	1. grésille.
b. L'huile	2. claque.
c. Un plancher de bois	3. pétille.
d. L'abeille	4. crépite.
e. Le champagne	5. roucoule.
f. Le feu	6. bourdonne.
g. Le pigeon	7. craque.

a. L'adverbe en –ment

L'adverbe en **–ment** a déjà été longuement étudié. On sait qu'il se forme en ajoutant le suffixe -**ment** à l'adjectif féminin : **heureux → heureusement** ; **amer → amèrement** ; **fin → finement...** etc. ou à l'adjectif à forme unique : **fixe → fixement** ; **sage → sagement** ; **rude → rudement**.

Quelques cas particuliers :

• Les adjectifs terminés par une voyelle qui forment l'adverbe sur l'adjectif masculin.

Exemples : **vrai → vraiment** ; **infini → infiniment** ; **joli → joliment** ; **poli → poliment** ; **éperdu → éperdument** ; **absolu → absolument** ; **résolu → résolument** ; **aisé → aisément** ; **assuré → assurément** ; **délibéré → délibérément** ; **posé → posément**.

(Exception : **gai → gaiement** ; et quelques adjectifs qui remplacent le « e » du féminin par un accent circonflexe : **assidûment** ; **crûment** ; **indûment** ; **goulûment...**)

• Certains adjectifs à forme unique, qui, par analogie avec « assuré », « délibéré », forment l'adverbe non pas en -*ement*, mais en -*ément*. Ainsi : **commode, conforme, énorme, immense, intense, uniforme** qui donnent : **commodément, conformément, énormément, immensément, intensément, uniformément**.

Et une série d'adjectifs qui présentent un masculin et un féminin comme : **commun, opportun** ; **confus, précis, exprès** ; **obscur, profond** et qui donnent : **communément, opportunément, confusément, précisément, expressément, obscurément, profondément**.

Quant à l'adverbe **« aveuglément »**, on peut imaginer qu'il s'écrit ainsi pour le distinguer du nom *aveuglement*.

• L'adjectif **gentil → gentiment**.

• L'adjectif **bref → brièvement**.

• L'adjectif **grave → grièvement** ou **gravement**.

• Les adjectifs en -*ent* et -*ant* forment des adverbes en -*emment* et -*amment*.

Exemples : **récent → récemment** ; **constant → constamment**.

b. Les mots à contexte unique

Certains mots n'existent que dans certaines locutions ; il en est ainsi de :

– *il y a belle lurette* = il y a longtemps. (Dans cette expression, « belle » est un intensif et « lurette » vient de *« heurette »*, une petite heure. = Il y a une bonne petite heure.)

– *à la bonne franquette* = simplement. (Franquette vient de l'adjectif « franc ».)

– *au fur et à mesure* = en même temps et successivement. (Le mot « fur » signifiait aussi « mesure ».)

– *à l'instar de* = à l'exemple de, de même que. (Instar = valeur égale.)

– *pêle-mêle* = dans un grand désordre, dans une grande confusion. (Vient de *« mêle-mêle »*.)

– *peu ou prou* = plus ou moins (Prou vient d'un vieux mot qui signifiait « profit » puis, « beaucoup ». = Peu ou beaucoup.)

– *à la queue leu leu* = l'un derrière l'autre, comme les loups. (« Leu » est un vieux mot pour « loup ».)

c. Les accents curieux

– Dans le mot **événement,** le 1er « e » est normalement fermé, il porte l'accent aigu, le 2e est ouvert mais il porte aussi l'accent aigu, ce qui est bizarre. Aujourd'hui, on accepte la graphie : **évènement,** avec un « é » et un « è ».

– Notons l'accent circonflexe sur l'adverbe **extrêmement**, formé normalement sur l'adjectif *extrême* qui porte un accent injustifié.

– Le participe **dû**, l'adjectif **sûr**, l'adjectif **mûr**, prennent l'accent circonflexe pour les différencier de l'article **du,** de la préposition **sur**, du nom **mur**.

Bilan autocorrectif

//

Maintenant, vous savez...

A – Parler de vos sentiments et de vos sensations.

/// 1. Dans les phrases suivantes, s'agit-il plutôt d'un sentiment ou d'une sensation ?   .../5

a. J'ai une très grande confiance en lui. . . . .

b. J'ai eu des sueurs froides. . . . .

c. Mon cœur battait à 100 à l'heure. . . . .

d. Vous n'imaginez pas mes regrets. . . . .

e. J'en avais la chair de poule. . . . .

f. J'ai les jambes en coton. . . . .

g. Je le méprise de tout mon cœur. . . . .

h. Vraiment, ce type, je ne l'ai jamais compris. . . . .

i. Mes cheveux se sont dressés sur ma tête. . . . .

j. J'ai toujours eu beaucoup de sympathie pour elle. . . . .

B – Utiliser le lexique des cinq sens.

/// 2. Entourez le mot qui convient le mieux au contexte.   .../2

a. *Écoute/Entends !* J'ai l'impression que quelqu'un vient de frapper à la porte.

b. Elle aimait rester dans son jardin, à *regarder/voir* les fleurs.

c. Je n'ai pas rencontré Paul depuis un mois. Et toi, tu l'as *regardé/vu* ?

d. Soudain, nous avons *aperçu/perçu* Jeanne, presque en haut de la montagne.

C – Parler de certains sentiments.

/// 3. Le lexique de l'amour. Voici quelques déclarations, classez-les en deux catégories : amour intense/amour plus mesuré.   .../1

a. Je brûle pour elle.	f. Elle ne m'est pas indifférente.
b. Je l'aime beaucoup.	g. J'ai un certain sentiment pour elle.
c. Je l'aime bien, tu sais.	h. Je l'ai vraiment dans la peau.
d. Je l'adore.	i. Je suis tombé raide amoureux d'elle.
e. Je suis fou d'elle.	j. Je l'aime éperdument.

Amour intense : . . . .   Amour plus mesuré : . . . .

/// 4. Le lexique de la nostalgie. Barrez l'intrus.   .../1

la tristesse – la mélancolie – la colère – le regret – le mal du pays – le vague à l'âme – la réminiscence

D – Orthographier correctement le mot _tout_ (adjectif, pronom ou adverbe).

/// 5. Complétez. .../4

a. Je l'ai vu presque tou.................................... les jours de cette semaine.

b. Elle était tou.................. étonnée de ne jamais l'avoir rencontré auparavant.

c. Si tu cherches tes livres, je les ai tou.................. rangés sur l'étagère du couloir.

d. J'ai vu Anna après son examen. Elle était tou......... contente, ça a très bien marché.

e. Elle a tou........................ le temps peur de n'importe quoi ! C'est pénible !

f. On dit qu'à Chypre, il fait beau presque tou................................... l'année.

g. Quand les mariés sont sortis de la mairie, ils étaient tou...... émus, ça se comprend !

h. Tou.................................. le monde est là ? On peut commencer la séance ?

E – Utiliser correctement le pronom _soi_.

/// 6. Complétez avec le pronom qui convient. .../3

a. L'hiver, après les cours, chacun rentre chez......................., c'est un peu triste.

b. Nous sommes rentrés chez...vers minuit.

c. Achète donc des boîtes de conserves. Il faut toujours en avoir chez...........en réserve.

d. Maintenant, elle travaille pour........................et non plus pour les autres.

e. Tu as pensé aux enfants ? Pour............. aussi, les journées sont longues, à l'école.

f. Quel égoïsme ! Tu penses toujours d'abord à.......................................!

F – Orthographier correctement les adverbes.

/// 7. Quel est l'adverbe qui correspond aux adjectifs suivants : .../4

a. étonnant =.....................................   g. différent =...

b. précis =..   h. obligeant =..

c. prudent =......................................   i. assidu =..

d. obstiné =......................................   j. hardi =..

e. immense =....................................   k. bref =...

f. bruyant =.....................................   l. méchant =..

Comptez vos points

DE 15 À 20 : **TRÈS BIEN.** Passez maintenant à l'unité suivante. Tout va bien.
DE 10 À 15 : Attention aux nuances de vocabulaire, c'est la principale difficulté de cette unité.
MOINS DE 10 : Revoyez les pages _Des mots pour le dire_.

COMMENT RAPPORTER
DES DONNÉES CHIFFRÉES ?

• Étudier l'évolution d'un phénomène social (par exemple, l'évolution du niveau de vie des Français), utiliser un sondage d'opinion pour mettre en évidence un fait, une situation (par exemple les conditions de travail d'une population), comparer des éléments entre eux (par exemple, les dépenses consacrées à la protection sociale en Europe) conduit forcément à utiliser des tableaux chiffrés, des graphiques, des diagrammes.

Pourquoi ? Parce qu'on peut « lire » immédiatement une courbe, un « camembert » (diagramme circulaire divisé en secteurs), des colonnes, qui se superposent pour rendre visibles des chiffres.

Ceux-ci servent, en effet, à faire ressortir plus rapidement, plus clairement, à partir d'une masse de données, des tendances, des proportions, des pourcentages, des statistiques, des comparaisons, des évolutions.

• « Proportions, pourcentages, statistiques », tous ces termes relèvent du domaine des chiffres, donc d'une science qui se veut précise, exacte. Mais en même temps, le mot « tendance », le mot « évolution » renvoient plutôt au domaine de l'orientation, de la projection dans le futur, de l'hypothèse, et donc de l'imprécis.

• Ces deux caractéristiques apparemment opposées commandent aussi le vocabulaire de ces commentaires. Puisqu'on s'appuie sur des données chiffrées, on pourra avancer des affirmations nettes : ainsi, on parlera d'un échantillon **représentatif** de la population...

• Par ailleurs, on sait que les données chiffrées peuvent comporter une marge d'erreurs, que les sondages d'opinion ne sont pas fiables à cent pour cent (selon la manière de poser les questions, les réponses peuvent changer du tout au tout), que les comparaisons peuvent reposer sur des données parfois modifiées, que les projections dans le futur peuvent se révéler trompeuses. C'est pourquoi on introduira des expressions qui montrent bien le caractère parfois imprécis de ces données : **dans l'ensemble, en partie, entre autres, pour la plupart**, et on pourra trouver **le conditionnel** qui présente, sous réserve, un fait non confirmé.

LES FRANÇAIS ET LE TRAVAIL

OBJECTIF FONCTIONNEL : Commenter un sondage d'opinion.

LEXIQUE : Les conditions de travail.

GRAMMAIRE : Accords sujet/verbe avec les quantificateurs.

FAITS DE LANGUE (1) : *Face-à-face, tête-à-tête...*

FAITS DE LANGUE (2) : *Une dizaine, une douzaine, un millier...*

LES FRANÇAIS ET LE TRAVAIL

Cette enquête a été réalisée en avril 2016 par l'IFOP pour l'hebdomadaire **Le Pèlerin** auprès d'un échantillon national de 1001 personnes représentant l'ensemble de la population âgée de 18 ans et plus. Elle a été menée selon la méthode des quotas (sexe, âge, profession du chef de famille, niveau d'études, stratification par région et catégorie d'agglomération).

/// A. D'une manière générale, diriez-vous que dans votre travail, vous êtes ... ?

Total heureux	75 %
Très heureux	14 %
Plutôt heureux	61 %
Total pas heureux	25 %
Plutôt pas heureux	20 %
Pas du tout heureux	5 %
Total	100 %

/// B. Qu'est-ce qui vous rend heureux dans votre travail ? Cochez la raison principale.

La passion et l'intérêt que vous éprouvez pour votre métier	26 %
La liberté et l'autonomie que vous avez dans votre travail	23 %
Les conditions de travail (lieu du travail, horaires, avantages...)	21 %
Les relations avec les collègues ou avec les personnes rencontrées dans le cadre de votre travail	20 %
Le sentiment d'être utile à la société	6 %
Le niveau du salaire	4 %
Total	100 %

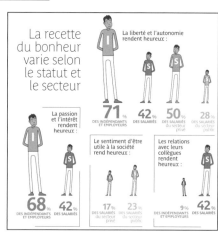

/// C. Diriez-vous que le travail, c'est d'abord... ?

une façon de trouver sa place dans la société	37 %
une contrainte pour gagner de l'argent	33 %
un moyen d'épanouissement personnel	30 %
Total	100 %

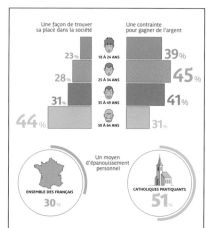

/// **1.** En général, que pouvez-vous dire de l'opinion des Français à l'égard du travail ?

....

....

....

....

/// **2.** Le bonheur au travail selon les métiers. Comment peut-on expliquer ces résultats ?

....

....

....

....

/// **3.** Que pensez-vous des réponses à la deuxième question ? Ne sont-elles pas un peu surprenantes ? Pourquoi ?

....

....

....

....

/// **4.** La recette du bonheur varie selon le statut et le secteur. Que peut-on dire des réponses des salariés du secteur public ? Et de celles des travailleurs indépendants et employeurs ?

....

....

....

....

....

/// **5.** Commentez les réponses à la troisième question en fonction de l'âge des personnes interrogées.

....

....

....

/// **6.** Vous, personnellement, comment auriez-vous répondu à ces trois questions ?

....

....

....

....

....

Le monde des sondages

Des noms

un sondage – une enquête – les personnes interrogées – un échantillon représentatif – la méthode des quotas –
une opinion, un avis...
la quasi-totalité des personnes interrogées... – la majorité des Français... – une minorité de Français... – la plupart des gens... –
un pourcentage

Des verbes

effecteur, réaliser un sondage – poser une question
penser que, estimer que, juger que, trouver que, considérer
que, être d'avis que
donner son sentiment, son avis – exprimer une opinion –
évoquer, citer, mentionner un fait, une date, un événement...
indiquer + nom ou indiquer que + indicatif

Des adjectifs

les personnes sondées, questionnées, interrogées,
être favorable à, hostile à
être partisan de, opposé à, être indécis (sans opinion)

ATTENTION

un Français **sur** trois = 1/3

/// 7. Notez de 1 à 7, du plus grand au plus petit.

a. 40 % ☐   e. une personne sur trois ☐

b. une bonne moitié ☐   f. une faible majorité ☐

c. les deux tiers ☐   g. les trois quarts ☐

d. la quasi-totalité ☐

/// 8. À votre avis, pourquoi on ne peut jamais dire *« demander une question » ?

....

....

/// 9. Quel sens a le mot « sentiment » dans ces deux phrases ?

a. Je voudrais vous donner mon sentiment personnel sur cette question.

....

....

b. C'est un sentiment que je n'ai jamais éprouvé de toute ma vie.

....

Faits de langue (1)

un face-à-face – un tête-à-tête – faire du porte-à-porte – lutter pied à pied (= avec obstination) *contre quelque chose – être
au coude à coude* (= presque à égalité) – *se retrouver nez à nez avec quelqu'un* (= en face de lui de manière imprévue) –
vis-à-vis de... (= à l'égard de, envers)

/// 10. Devinez le sens des expressions soulignées.

a. La route était très glissante et la voiture a fait un <u>tête-à-queue</u>..

b. Je l'ai accompagné dans toutes ses démarches, <u>pas à pas</u>...

c. Je ne vous ai pas demandé de faire une traduction <u>mot à mot</u>...

Accords sujet-verbe avec les quantificateurs

1. Avec les noms collectifs

• Si le nom collectif est tout seul, le verbe est au singulier et on accorde, si nécessaire, le participe avec le nom.

La foule s'est précipitée pour voir le spectacle.

Toute une armée a débarqué le 1ᵉʳ juin.

• Si le nom est suivi d'un complément de nom pluriel, on fait généralement l'accord au pluriel.

Tout un tas de gens se sont présentés.

Mais on peut hésiter. C'est une question de point de vue, de vision :

• Si cette vision est « collective », globale, on emploiera plutôt le singulier :

L'ensemble des locataires s'est prononcé contre cette décision. (On insiste sur l'idée d'ensemble, de groupe.)

Une nuée de sauterelles a ravagé la région. (On insiste sur l'aspect compact de cette nuée.)

• Si l'accent est mis sur la diversité des éléments, on préférera le pluriel : *Une série d'incidents étranges se sont produits depuis deux mois dans ce village.*

2. Avec les fractions, les numéraux...

• Si l'on veut insister plutôt sur la globalité → singulier.

Un tiers des députés seulement a voté la loi sur les plus-values.

• Si l'on considère que le nom est un simple quantificateur → pluriel.

Une quinzaine d'hectares (= 15 ha) ont été ravagés par le feu.

Une douzaine d'heures ont été nécessaires aux pompiers pour venir à bout de l'incendie.

3. Avec les pourcentages

En général, on rencontre le pluriel.

25 % des personnes interrogées ont refusé de répondre.

MAIS

25 % de la population pense que la loi devrait être abolie.

Attention !

– un Français **sur** trois...

– 25 % = vingt-cinq **pour** cent

– 25,5 % = vingt-cinq **virgule cinq** ou vingt cinq **et demi pour** cent

MAIS

25,25 % = vingt-cinq **virgule vingt-cinq pour** cent et non *« vingt-cinq et quart pour cent » qui est **impossible** !

Faits de langue (2)

une dizaine, une douzaine, une quinzaine, une vingtaine, une trentaine, une quarantaine... une centaine MAIS *un millier*

/// 11. Quelle différence faites-vous entre :

a. Il y avait 1 000 spectateurs./Il y avait un millier de spectateurs.

....

....

....

b. Je voudrais une demi-douzaine d'œufs./Je l'ai vu une demi-douzaine de fois.

....

....

....

/// **12.** Voici les principaux résultats d'une enquête IPSOS/France bleue de décembre 2016 sur le sentiment des Français à propos de l'âge de la retraite.

Question : « *Pour vous personnellement jusqu'à quel âge vous semble t-il raisonnable de travailler avant de partir à la retraite ?* »

avant 60 ans	7 %	entre 62 et 65 ans	7 %
à 60 ans	44 %	jusqu'à 65 ans ou après	23 %
entre 60 et 62 ans	19 %	**Total**	100 %

Question : « *Et s'il le fallait vraiment, jusqu'à quel âge seriez-vous prêt à travailler avant de partir à la retraite ?* »

avant 62 ans	25 %	jusqu'à 65 ans	28 %
jusqu'à 62 ans	24 %	au-delà de 65 ans	13 %
		Total	100 %

Question : « *Parmi les raisons suivantes, lesquelles pourraient le plus vous conduire à retarder votre départ à la retraite ? En premier ?* »

Augmenter le montant de ma retraite	45 %	Garder une vie sociale plus riche	4 %
Conserver plus longtemps mon salaire	28 %	Autres raisons	8 %
Conserver une activité professionnelle que j'aime	15 %	**Total**	100 %

Question : « *Selon vous, les personnes suivantes devraient-elles partir à la retraite au même âge que la moyenne des Français, plus tôt ou plus tard ?* »

	ouvriers	*agriculteurs*	*infirmiers*	*policiers*	*enseignants*	*médecins*	*chefs d'entreprise*
Plus tôt	48 %	43 %	38 %	36 %	12 %	10 %	4 %
Même âge	50 %	51 %	59 %	60 %	62 %	60 %	55 %
Plus tard	2 %	6 %	3 %	4 %	26 %	30 %	41 %

Commentez ces chiffres en quelques lignes.

....

....

....

....

/// 13 . Voici trois titres de journaux commentant ce sondage. En quoi ces titres sont-ils discutables ?

LA GRANDE MAJORITE DE FRANÇAIS REFUSE DE PARTIR À LA RETRAITE APRES 60 ANS.

LES FRANÇAIS PRÊTS A TRAVAILLER PLUS LONGTEMPS

L'INQUIÉTUDE DES FRANÇAIS FACE A LA RETRAITE D'ABORD LIÉE A L'ARGENT

....

....

....

....

/// **14.** En une dizaine de lignes, rédigez un commentaire du sondage, pages 52-53. Vous réutiliserez les réponses que vous avez faites page 53 et le vocabulaire de la page 54. (Vous pouvez, éventuellement, vous aider du corrigé.)

Dans l'introduction, vous présenterez le sondage (Quand ? Quel organisme de sondage ? Publié dans quel magazine ?)

Vous analyserez ensuite les réponses en indiquant ce qu'elles révèlent, selon vous.

Vous terminerez votre texte par une ou deux phrases élargissant le sujet.

....

....

....

....

....

....

....

....

....

....

....

....

....

....

....

....

....

....

....

....

// MANIÈRES DE DIRE

Le travail, c'est la santé
Ne rien faire, c'est la conserver
(chanson populaire)

Étymologiquement, le travail vient du mot latin *tripalium*, un instrument de torture.

Le travail, c'est *le boulot* (mais attention : le verbe n'est pas *boulotter !*)

En français familier, travailler, c'est *bosser, trimer, turbiner, boulonner...*

Quelqu'un de travailleur, c'est un *bosseur* (mais non *un bossu !*)

LES FRANÇAIS SONT-ILS SURÉQUIPÉS ?

OBJECTIF FONCTIONNEL : Commenter un tableau concernant l'évolution d'un phénomène.

LEXIQUE : L'évolution du niveau de vie des Français.

GRAMMAIRE : L'adjectif verbal.

FAITS DE LANGUE (1) : Les noms terminés en -*at*.

FAITS DE LANGUE (2) : Orthographe : *des lave-linge, des lave-vaisselle, des essuie-glaces*.

FAITS DE LANGUE (3) : Formation des adverbes.

ÉQUIPEMENT DES MÉNAGES DES ANNÉES 60 AUX ANNÉES 2015

Logement équipé de.....	1962	1973	1984	1996	2004	2014
Eau courante	79 %	96 %	99,9 %	99,9 %	99,9 %	99,9 %
Salle de bains ou douche	30 %	44 %	70 %	80 %	91 %	97 %
WC intérieurs	41 %	72 %	85 %	92 %	96 %	99,9 %
Réfrigérateur	42 %	86 %	94 %	97 %	98,9 %	99 %
Lave-linge	30 %	64 %	82 %	90 %	92,3 %	96 %
Lave-vaisselle		4,5 %	20 %	35 %	45 %	59 %
Ménages ayant une voiture	30 %	60 %	73 %	78 %	80,7 % (35 % ont deux voitures ou plus)	84 % (36 % ont deux voitures ou plus)
Téléviseur	15 %	68 %	94 %	94 %	94,8 %	98 %
Magnétoscope			8 %	68 %	70,6 %	
Lecteur DVD				1,5 %	47 %	
Ordinateur				18 %	45 %	79 %
Téléphone portable					69 %	91 %
Connection Internet					30 %	77 %

Chiffres INSEE, France métropolitaine, ensemble des ménages.

En 2016, 94% ont un téléphone portable, 62% un Smartphone, 32% une tablette et plus de 85% sont connectés à Internet.

Exemple de commentaire de données chiffrées

Entre 1960 et 2014, le niveau de vie des ménages français a considérablement augmenté. Le pouvoir d'achat s'est nettement élevé, surtout entre 1960 et 1980. Cela s'est traduit par une forte augmentation du taux d'équipement des ménages en éléments de confort, en produits électroménagers, en voitures et, plus tard, en matériel informatique. On frôle désormais la saturation.

/// 1. Comment comprenez-vous d'après le contexte.

1. considérablement = ...

2. frôler la saturation = ...

/// 2. Répondez par VRAI, FAUX ou LE TABLEAU NE LE DIT PAS.

	VRAI	FAUX	LE TABLEAU NE LE DIT PAS
1. Entre 1962 et 2004, le nombre des salles de bains ou douches a triplé.	☐	☐	☐
2. Entre 1962 et 2004, le nombre des téléviseurs couleurs est passé de 15% à 94, 8%.	☐	☐	☐
3. La moitié des ménages avaient en 2014 deux voitures ou plus.	☐	☐	☐
4. En 2004, presque un ménage sur deux possédait un ordinateur.	☐	☐	☐
5. Entre 1973 et 2004, le nombre de lave-vaisselle a décuplé.	☐	☐	☐
6. En 1984, il n'y avait pas de téléphone portable.	☐	☐	☐
7. La quasi-totalité des Français ont un réfrigérateur et un téléviseur.	☐	☐	☐
8. Plus d'un ménage sur deux a un lave-vaisselle, un ordinateur et un smartphone.	☐	☐	☐
9. Les ménages possédant une voiture possèdent également un ordinateur.	☐	☐	☐
10. Tous les logements ont aujourd'hui l'eau courante.	☐	☐	☐
11. En 2008, un peu plus des deux tiers des Français étaient connectés à Internet.	☐	☐	☐
12. Le pourcentage de ménages ne possédant pas de télévision est très faible.	☐	☐	☐

/// 3. Si vous comparez l'équipement des logements au début des années 60 et aujourd'hui, quels sont les principaux changements ?

....

....

....

....

....

....

Commenter des données chiffrées (1)

Des noms

Les biens d'équipement (produits électroménagers, par exemple)
Un ménage = une unité d'habitation (une famille de dix ou douze personnes, un couple sans enfant ou un célibataire vivant tout seul comptent chacun pour un ménage)
L'augmentation – la hausse – la croissance – l'accroissement – la saturation – l'expansion (≠ la récession)

Des verbes

augmenter – progresser – croître – s'accroître
diminuer – baisser – fléchir – doubler – tripler – quadrupler
– décupler – passer de ... à .... en x années – parvenir à saturation

Des adjectifs et des adverbes

être équipé, être sous-équipé, suréquipé
fortement – considérablement – sensiblement – nettement...
légèrement

/// 4. Quel est le sens du mot « ménage » dans les phrases suivantes ?

a. Voici un document concernant l'équipement des *ménages* en France.
b. J'aime bien faire la cuisine mais je déteste faire le *ménage*.
c. C'est un jeune *ménage* charmant que nous avons rencontré en vacances.
d. Quand il est arrivé avec deux heures de retard, elle lui a fait une belle scène de *ménage*.

/// 5. Donnez trois exemples d'appareils électroménagers.

....

/// 6. Chassez l'intrus.

grandement – facilement - considérablement – énormément – sensiblement – nettement – fortement .

/// 7. Proposez une définition pour les mots soulignés.

a. J'ai vu dans le journal qu'une famille de Versailles avait eu des <u>quintuplés</u>.
....

b. Ils ont acheté un ravissant <u>duplex</u> rue de Turin.
....

c. Ce célèbre <u>quatuor</u> se produira du 12 au 15 septembre.
....

d. Les <u>décades</u> de Cerisy, consacrées à la littérature ou à la philosophie, sont célèbres.
....

e. Dans les pièces de boulevard, il y a souvent le <u>trio</u> classique : le mari, la femme et l'amant.
....

Faits de langue (1)

Les noms suffixés en -at
Il s'agit de noms de métiers ou de qualités (*un avocat, un magistrat, un candidat*), de noms collectifs – état, fonction (*le salariat, le syndicat, le patronat, l'artisanat, l'habitat*).
Remarque : tous ces noms suffixés en –at sont masculins.
Attention : *les magistrats/les métiers de la magistrature ; les candidats/poser sa candidature* mais *les avocats/le barreau* (le mot *avocature n'existe pas).

L'adjectif verbal

Les adjectifs verbaux se comportent exactement comme des adjectifs, ils s'accordent avec le nom qu'ils qualifient :

Un film amusant, une histoire amusante,

Ils peuvent :

– varier en intensité :

Une histoire très amusante, assez intéressante.

– entrer dans des propositions comparatives :

Des amis moins amusants, plus intéressants.

– et être attributs du sujet :

Elle est intéressante, on les trouve amusants.

Leur terminaison est –ant (*amusant, intéressant, fascinant...*) et, plus rarement –ent (*différent, excellent, précédent...*).

Parfois, l'adjectif verbal correspond à une relative introduite par QUI : *une attitude provocante* (= qui provoque) ;

des nouvelles étonnantes (= qui étonnent) ; *la semaine précédente* (= qui précède) ...

Mais attention, ce n'est pas toujours le cas.

/// 8. Expliquez les expressions suivantes en proposant un équivalent.

Exemple : *L'année suivante = l'année d'après, l'année qui suit.*

a. une personne méfiante = ...

b. un thé dansant = ...

c. une rue passante = ...

d. une séance payante = ...

e. une rue glissante = ...

f. une aventure inquiétante = ...

g. un poste vacant = ...

h. une tenue voyante = ...

Faits de langue (2) Orthographe

des lave-vaisselle, des lave-linge **mais** *des sèche-cheveux, des essuie-glaces, des tire-bouchons*

Dans le cas où le nom est composé d'un verbe + un nom, le verbe est toujours invariable et le nom est singulier ou pluriel selon son sens (on lave **la** vaisselle ou **le** linge mais on se sèche **les** cheveux).

Faits de langue (3) Formation des adverbes

Certains adverbes sont formés de deux ou plusieurs mots : *à peine, tout à fait, tout à l'heure, bien sûr, un peu, à peu près ....*

Pour certains, les anciennes formes composées se sont, petit à petit, «soudées » : *davantage, aussitôt, bientôt, longtemps, parfois ...*

Attention ! Certains adverbes ont subi une modification orthographique : *quelquefois, plutôt ....*

Rappel = *la plupart* (et non *la plus part)

/// 9. Choisissez la forme qui convient.

a. Il y aurait plus **davantage/d'avantages** à choisir la première solution.

b. Pas d'accord ! Moi, je choisirais **plutôt/plus tôt** l'autre solution.

c. À mon avis, on a tout le temps ! Il est **bientôt/bien tôt** pour partir déjà.

/// 10. À partir des notes suivantes et en vous référant au tableau de la page 58, rédigez un commentaire de dix à douze lignes.

> ### Évolution du niveau de vie en France depuis les années 60
>
> – *de 1960 à 2015, pouvoir d'achat des Français à peu près multiplié par cinq mais depuis 2010, baisse régulière (-1 % chaque année).*
>
> – *expansion maximale 1945-1973 (les Trente Glorieuses)* → *croissance 5 % par an (aujourd'hui seulement 0,1 à 0,2 %).*
>
> – *équipement des ménages en biens durables = forte hausse, surtout années 60/70. Aujourd'hui, saturation.*
>
> – *1960 = 27 % des Français propriétaires de leur logement (65 % aujourd'hui).*
>
> – *Salaires = inégalités plus faibles qu'en 1960 mais depuis 2009/2010, inégalités en hausse à nouveau.*
>
> **Problèmes actuels** : *chômage, travail précaire ou à temps partiel non choisi* → *apparition de « nouveaux pauvres » (salariés).*
>
> *Patrimoine = moins d'inégalités aujourd'hui mais les 5 % les plus riches = 32 % du patrimoine total.*

Votre texte :

....

....

....

....

....

....

....

....

....

....

....

....

/// 11. À partir des données suivantes (INSEE), rédigez un texte de quinze lignes environ sur l'évolution des habitudes alimentaires des Français entre 1960 et 2014.

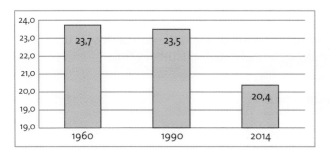

Graphique 1 : évolution de la part de la viande dans les dépenses alimentaires à domicile des ménages français entre 1960 et 2014. *Source : INSEE.*

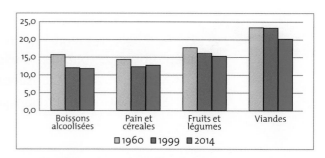

Graphique 2 : les produits alimentaires dont la part dans la consommation alimentaire a baissé entre 1960 et 2014, en pourcentages. *Source : INSEE.*

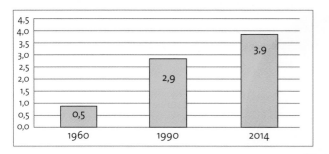

Graphique 3 : évolution de la part des plats préparés dans les dépenses alimentaires à domicile des ménages français entre 1960 et 2014. *Source : INSEE.*

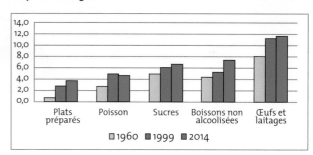

Graphique 4 : les produits alimentaires dont la part dans la consommation alimentaire a progressé entre 1960 et 2014, en pourcentages. *Source : INSEE.*

· ·

· ·

· ·

· ·

· ·

· ·

· ·

· ·

· ·

// **MANIÈRES DE DIRE**

Une tablette multifonctions super efficace !

Complétez avec les préfixes suivants.

mini – ultra – hyper – anti – super

Cette nouvelle tablette est la . . . . star de l'année ! Elle est . . . . légère, garantie . . . . chocs et son prix, ... intéressant vous séduira. Elle est vendue avec six . . . . stylets, si petits que vous pourrez les glisser dans votre poche.

QUI PROTÈGE QUI ?

OBJECTIF FONCTIONNEL : À partir d'un graphique, comparer des données chiffrées.

LEXIQUE : Les dépenses consacrées à la protection sociale dans l'Union Européenne.

GRAMMAIRE : Les modérateurs *(en partie, entre autres, pour la plupart)* – Certaines locutions prépositives *(au cours de, au sein de, à l'opposé de)* – L'adjectif verbal (suite et fin).

FAITS DE LANGUE (1) : Croissance et accroissement.

FAITS DE LANGUE (2) : Prononciation de l'adverbe « plus ».

Statistiques

Dépenses de protection sociale par fonctions spéciales dans l'UE, 2014

(en % du total des prestations sociales)

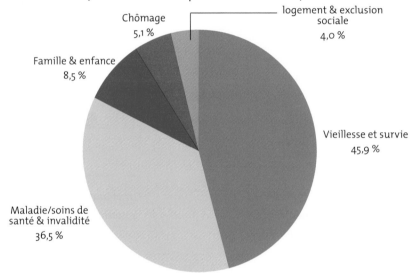

Le graphique ci-dessus montre la part des dépenses consacrées par l'ensemble des pays de l'Union européenne à la protection sociale d'une population qui s'est accrue de plus de 20% après les élargissements de 2004, 2007 et 2013.

Ces dépenses représentent, en 2014, 32,2 % du PIB* dans l'Union européenne. Elles peuvent toutefois passer du simple au double d'un pays à l'autre.

C'est en France qu'elles sont les plus élevées (34,3 %), ce qui s'explique par le poids croissant des retraites, le développement de la CMU* (1999) devenue en 2016, la PUMA*, de l'AME* (2000), et le chômage en hausse.

C'est en Lettonie qu'elles sont les plus faibles (14,5 %). Les deux autres pays baltes enregistrent des dépenses à peine plus importantes. Ces écarts entre les pays s'expliquent, en partie, par des niveaux de richesse différents ; ils montrent aussi la diversité des systèmes de protection sociale, de l'évolution démographique, des taux de chômage ...

À la lecture du « camembert » il apparaît que les dépenses liées à la vieillesse représentent la part la plus importante des prestations* sociales pour la plupart des pays.

Ce constat vaut en particulier pour la Grèce qui a affecté 65,00 % du total des prestations* à la fonction vieillesse, bien qu'elle ne consacre que 24,5 % au total des prestations sociales. Ce dernier pourcentage représente une part faible comparativement à la moyenne de l' U.E. Ceci est dû, entre autres, malgré plusieurs réformes, au départ anticipé à la retraite de nombreux travailleurs.

...

...

Ce constat est vrai également pour la Pologne (60,4 %), l'Italie (58,6 %) qui compte une forte proportion de personnes âgées dans sa population, le Portugal (57,5 %), Chypre (55,5 %), ainsi que pour la Roumanie (55,1 %) ; tous ces pays se situent nettement au-dessus de la moyenne européenne, dans ce domaine.

En Irlande, par contre, la part des prestations de vieillesse est d'environ 29,8 % (3,8 % du PIB). Cela vient, en partie, du fait que la population irlandaise est la plus jeune d'Europe.

Les dépenses consacrées à la maladie et aux soins ont également augmenté régulièrement dans l'Union européenne. Cette croissance se remarque plus particulièrement en France et en Suède dont les dépenses pour la maladie et les soins ont été les plus importantes (11,9 %) à l'opposé de la Lettonie qui n'y a consacré que 5,9 % de son PIB.

Il est à noter que le logement social est la branche pauvre des prestations.

Au sein de l'Union européenne, les dépenses pour la protection sociale prennent généralement la forme de prestations versées en espèces (67 %). Les 33 % restants sont constitués par des prestations en nature (services sociaux avec hébergement, assistances dans les tâches de la vie quotidienne, réadaptation, services de garde de jour pour enfants, formation professionnelle, services de placement et d'aide à la recherche d'emploi, etc.)

* Le PIB : le Produit Intérieur Brut

* une prestation : allocation, indemnité attribuée à une personne par une administration ou une entreprise afin de compenser une perte de revenu ou de permettre d'accéder à certains services.

* AME : Aide médicale d'État, **CMU :** Couverture médicale universelle, **PUMA :** Protection universelle maladie.

/// **1.** Qu'est-ce qu'un camembert dans ce contexte ?

....

/// **2.** Que recouvre l'expression « protection sociale » ?

....

/// **3.** Cochez le pays dont les dépenses pour la protection sociale sont les plus élevées.

a. La Pologne ☐

b. La France ☐

c. Malte ☐

/// **4.** Pour quelles raisons, les dépenses consacrées à la protection sociale sont-elles les plus faibles en Lettonie, Lituanie et Estonie ?

....

/// **5.** Pourquoi la branche « vieillesse » représente-t-elle la part la plus importante dans les dépenses sociales ?

....

/// **6.** Pourquoi les dépenses consacrées à la vieillesse sont-elles moins importantes en Irlande ?

....

/// **7.** Sous quelle forme les pays versent-ils leurs prestations sociales ?

....

Commenter des données chiffrées (2)

Des noms

un graphique – un camembert – une donnée – un pourcentage – des statistiques – un taux – une augmentation – un accroissement – une croissance – une évolution – l'exclusion sociale – une prestation

---

Des verbes

affecter (une somme) – (s') accroître – augmenter – consacrer – croître – verser

Des adjectifs

restant(e) – élevé(e) – émergent(e) – faible – démographique

Une expression

passer du simple au double (= devenir deux fois plus grand)

/// **8.** Quel est le sens de l'expression : jouer à quitte ou double.

/// **9.** Expliquez le sens des expressions suivantes. (Vous pouvez vous aider d'un dictionnaire.)

a. 1 000 euros pour ce Picasso ? C'est donné !

b. D'accord, je vous rendrai service, mais attention, c'est donnant donnant.

c. Non, non, je ne vous avais rien promis, il y a maldonne.

/// **10.** Remplacez les mots soulignés par des mots que vous trouverez dans le texte (attention aux accords).

a. Quelques pays ont consacré des sommes importantes à la protection sociale.

b. On constate une augmentation des dépenses sociales.

c. La fonction « logement » ne représente pas la part importante du graphique.

d. Les allocations sociales ont augmenté de 3 %.

e. On constate des différences importantes concernant la protection sociale entre les pays européens.

/// **11.** En vous aidant d'un dictionnaire, donnez le nom formé sur les verbes suivants (faites une courte phrase avec ces noms).

a. affecter – b. exclure – c. verser

/// **12.** Utilisez les mots suivants dans les phrases ci-dessous : a. Selon les . . . ., de nombreux

états membres de l'Union européenne vont voir leur population décliner

à cause de la chute du . . . . des naissances.

b. L'INSEE est l'Institut national de la . . . . et des études économiques.

c. Les phénomènes économiques sont souvent représentés par des . . . . en demi-cercle ou en barres.

d. Ce vendeur n'a pas de salaire fixe ; il est payé au . . . . des ventes.

/// **13.** Consultez Internet et expliquez ce qu'est « un pays émergent », ce que sont l'*AME*, la *CMU*, la *PUMA*.

Faits de langue (1)

Notez la différence entre :

la croissance (qui s'utilise pour les personnes et les choses) et **l'accroissement** (seulement pour les choses).

Cet enfant est en pleine croissance. La croissance démographique est constante dans ce pays.

On a constaté un accroissement de la production.

1. Les modérateurs

Dans des études statistiques, les données ne sont pas toujours clairement détaillées : on utilise donc des expressions qui laissent une part d'imprécision.

Exemples : *entre autres, en partie, pour la plupart...*

Ce pays affecte une part importante de son PIB à la branche « famille et enfants » ; cela s'explique, **entre autres**, *par une augmentation de la natalité* (sous-entendu, il y a d'autres facteurs dont on ne parle pas).

Les prestations sont versées, **en partie**, *en nature* (mais il y a d'autres sortes de versements dont on ne parle pas). *Les pays européens,* **pour la plupart**, *consacrent une partie importante de leur PIB aux dépenses de santé* (la plus grande partie des pays européens, mais on ne dit pas lesquels).

/// **14.** Rédigez trois phrases dans lesquelles vous utiliserez les trois expressions suivantes : *entre autres, en partie, pour la plupart.*

....

2. Des locutions prépositives : *au cours de, au sein de, à l'opposé de*

/// **15.** Remplacez les expressions soulignées par l'une de ces locutions prépositives.

a. <u>Pendant</u> les quinze dernières années, on a assisté à une forte augmentation du chômage.

b. L'Union européenne connaît un vieillissement de sa population <u>contrairement aux</u> pays émergents.

c. Il existe de grandes différences <u>à l'intérieur de</u> la communauté européenne.

3. L'adjectif verbal (suite et fin)

Petite particularité : les verbes en *-ger* ont un participe présent en *-geant* (*arrangeant, engageant, affligeant*) et un adjectif verbal en *-geant* (qui s'accorde). Ainsi on aura :

*Des paroles encoura***geantes**, *des professeurs exi***geants**...

Mais les verbes **converger, diverger, émerger, négliger** ont un participe présent en **-geant**, et un adjectif verbal en **-gent :** **Négligeant** *son travail, il sera licencié.* MAIS : *C'est une personne* **négligente.**

/// **16.** Remplacer l'infinitif entre parenthèses par un adjectif verbal.

a. On nous a présenté l'équipe (*diriger*) .... de l'entreprise.

b. L'entraîneur criait des paroles (*encourager*) .... à son équipe.

c. Ils ont des opinions complètement (*diverger*) .... sur de nombreux sujets.

d. Elle aimait bien porter des décolletés (*plonger*) ....

e. Ne lui fais pas confiance : elle est capricieuse et (*changer*) ....

f. Les problèmes de la pollution se posent d'une façon dramatique dans les pays (*émerger*) ....

Faits de langue (2)

Comment prononcer l'adverbe comparatif « plus » ?

Cet adverbe qui modifie un verbe, un adjectif, ou un adverbe se prononce [ply] devant une consonne : *une part plus grande* ; [plyz] devant une voyelle : *une part plus importante* ; [plys] à la finale, *il en consacre plus.*

Associé à la préposition « de » ou à la conjonction « que », il devrait se prononcer [ply] :

Ce pays consacre plus [ply] *de 60 % aux prestations vieillesse.*

Elle l'aime plus [ply] *que tout.*

Mais aujourd'hui, dans la langue parlée, on entend de plus de plus en plus souvent, dans ces deux cas, le « s » final de l'adverbe :

Ce pays consacre plus [plys] *de 60 % aux prestations vieillesse.*

Elle l'aime plus [plys] *que tout.*

/// 17. Lisez et commentez ce graphique en répondant aux questions suivantes :

Graphique de la natalité en Europe

(voir Eurostat communiqué de presse, 8 mars 2017, Naissance et fécondité)

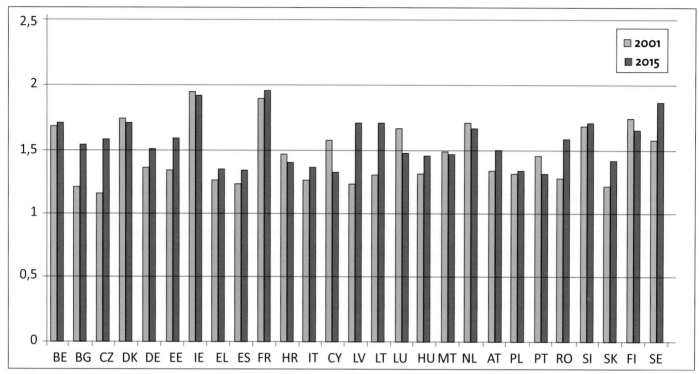

BE (Belgique), CZ (République tchèque), BG (Bulgarie), DK (Danemark), DE (Allemagne) EE (Estonie), EL (Grèce), ES (Espagne), FR (France), IE (Irlande), IT (Italie), CY (Chypre), LT (Lituanie), LV (Lettonie), LU (Luxembourg), HU (Hongrie), MT (Malte), NL (Pays-Bas), AT (Autriche) , PL (Pologne), PT (Portugal), RO (Roumanie), SI (Slovénie), SK (Slovaquie), FI (Finlande), SE (Suède)

Pour l'année 2015 (il s'agit d'une évaluation) :

1. Quels sont les deux pays qui montrent le plus haut taux de natalité ?
Y a-t-il une différence entre les deux et laquelle ? *(comparez 2001 et 2015)*

2. Développez les raisons qui peuvent expliquer ce fort taux de natalité.

   a. *Pays de forte tradition catholique ?*

   b. *IVG (interruption volontaire de grossesse) interdite ou libéralisée depuis peu ?*

   c. *Aides, allocations familiales importantes, assistantes maternelles, nombreuses places en crèches, entrée en maternelle dès l'âge de 3 ans... ?* (Aidez-vous d'Internet pour donner vos réponses)

3. Quel est le pays qui a enregistré la plus forte augmentation de fécondité ? Pouvez-vous expliquer les raisons de cette hausse ?

4. Quels sont les quatre pays dont le taux de natalité est le plus faible ? Commentez brièvement ce résultat.

5. Que révèle la comparaison entre 2005 et 2015 ?

/// **18.** Selon une étude Eurobaromètre, en 2012, plus de la moitié des Européens (Europe des 27) affirment pouvoir parler une langue (en plus de la leur) suffisamment bien pour pouvoir participer à une conversation.

(Les langues moins couramment utilisées dans l'UE ont été notées en italique)

	ANGLAIS	FRANCAIS	ALLEMAND	RUSSE	ESPAGNOL
BE	38 %	45 %	22 %		
BG	25 %		8 %	23 %	
CZ	27 % %		15 % + *slovaque, 16 %*	13 %	16 %
DK	86 %		47 % + *suédois, 13 %*		
DE	56 %	14 %	7 % (de non natifs)		
EE	50 %			56 % + *finnois, 21 %*	
IE	6 % + *gaélique 22 %*	17 %			
EL	51 %	9 %	5 %		
ES	22 %				16 % + *Catalan,11 %*
FR	39 %		6 %		13 %
HR					
IT	34 %	16 %			11 %
CY	73 % + *grec, 5 %*	7 %			
LV	46 %			67 % % + *letton, 24 %*	
LT	38 %		14 %	80 %	
LU	56 %	80 %	69 %		
HU	20 %	3 %	18 %	2 %	
MT	89 % + *italien, 56 %*	11 %			
NL	90 %	29 %	71 %		
AT	73 % + *italien, 9 %*	11 %			
PL	33 %		19 % %	18 %	
PT	27 %	15 %			10 %
RO	31 % + *italien, 7 %*	17 %			
SI	59 % + *croate, 61 %*		42 %		
SK	26 % + *tchèque, 47 %*		22 %		
FI	70 % + *suédois, 44 %*		18 %		
SE	86 %	9 %	26 %		

Commentez ce tableau en répondant aux questions suivantes :

1. Quelle est la langue la plus répandue en Europe ? Pourquoi à votre avis ?
2. Quelles différences voyez-vous entre les pays du nord et les pays du sud ?
3. Commentez la situation des pays limitrophes de la France.
4. Commentez la situation des pays limitrophes de l'Allemagne.
5. Quel est le pays le plus francophone ? Pourquoi ?
6. Quel est le pays qui pratique le plus les trois langues (anglais, français, allemand) ? Expliquez les raisons de ce trilinguisme.

/// MANIÈRES DE DIRE

Part, partie, portion, proportion..... ?

• **Entourez le nom qui convient.**

Quand je mange un gâteau, je n'en prends qu' *(une part, une partie, une portion ou une proportion)*.

Les prisonniers se plaignent de la maigre *(partie, part, portion, proportion)* de viande qu'on leur sert.

Quelle *(part, partie, proportion, portion)* de sucre et de farine y a-t-il dans ce gâteau ?

Ce que vous dites est, en grande *(part, partie, portion, proportion)*, vrai !

Quelques expressions formées à partir...

a. ...de deux mots semblables comme :

Bouche-à-bouche = Procédé par lequel on insuffle avec la bouche de l'air dans la bouche de l'asphyxié.

Pratiquer, faire le bouche-à-bouche à un noyé.

Côte à côte = l'un à côté de l'autre.

Les deux amis marchaient côte à côte.

Coude à coude = très proche l'un de l'autre.

Dans la foule, nous étions au coude à coude.

Dos à dos = refuser de donner l'avantage à l'un ou à l'autre.

Le journaliste a renvoyé les deux adversaires dos à dos.

Mot à mot = littéral(e).

Nous n'avons pas trahi la pensée de l'auteur. Nous avons traduit mot à mot.

Petit à petit = peu à peu. → progressivement.

Petit à petit, l'oiseau fait son nid. Ce proverbe montre l'efficacité qui vient de la lenteur.

Quatre à quatre = très vite.

Il a monté l'escalier quatre à quatre.

Terre-à-terre = prosaïque, peu poétique, matériel, plat.

C'est un homme terre-à-terre.

Tour à tour = l'un, puis l'autre (l'un après l'autre).

Nous lisions tour à tour dans un grand livre de contes.

b. ...de deux mots différents comme :

pied-à-terre = logement qu'on occupe occasionnellement.

J'ai déménagé à la campagne, mais j'ai gardé un pied-à-terre en ville où je reviens parfois pour mes affaires.

bric-à-brac = amas de vieux objets disparates, hétéroclites.

La maison était encombrée de vieux meubles achetés dans des brocantes, tout un bric-à-brac poussiéreux !

sang-froid = maîtrise de soi, calme.

Malgré les insultes de son adversaire, il a réussi à garder son sang-froid et il a répondu sans se mettre en colère.

bien-être = sensation agréable, contentement, plaisir.

On ressent un bien-être extrême dans un bain chaud et parfumé.

bande-annonce =

La bande-annonce de ce film donne envie d'aller le voir.

fait divers =

Détective est un journal qui ne relate que des faits divers, assassinats, vols, enlèvements...

bar-tabac = café où se trouve un bureau de tabac.

Il est entré acheter des cigarettes dans un bar- tabac.

appuie-tête = partie supérieure d'un siège destinée à soutenir la tête.

Le dentiste a réglé l'appuie-tête du fauteuil pour que la patiente soit plus à l'aise.

Bilan autocorrectif

//

Maintenant vous savez...

A – Commenter des données chiffrées.

/// 1. Parmi les verbes suivants, lequel ne sert pas à exprimer une opinion ?   .../1
compléter – considérer – déclarer – estimer – être d'avis – penser – trouver – juger

/// 2. Reliez les expressions identiques.   .../2

a. un tiers des Français	1. un Français sur deux
b. la moitié des Français	2. 20 % des Français
c. un quart des Français	3. tous les Français
d. les Français sont unanimes	4. 25 % des Français
e. un Français sur cinq	5. 33 % des Français
f. une forte minorité de Français	6. 70%
g. plus des deux tiers des Français	7. 51,7%
h. une courte majorité de Français	8. 46,9%

B – Faire les accords sujet-verbe avec les quantificateurs.

/// 3. Entourez la bonne réponse.   .../4

a. Un troupeau de vaches traversa/traversèrent la route juste devant nous.

b. La plupart de ces vaches avait/avaient un grelot au cou.

c. Une quinzaine de personnes s'est présentée/se sont présentées à l'examen.

d. La majorité des électeurs a désavoué/ont désavoué le président sortant.

C – Utiliser le lexique servant à quantifier.

/// 4. Quel nom correspond aux verbes ?   .../4

a. croître = ...

b. accroître = ...

c. diminuer = ...

d. baisser = ...

e. multiplier = ...

f. atténuer = ...

g. évoluer = ...

h. progresser = ...

/// 5. VRAI ou FAUX ?   .../3

	VRAI	FAUX
a. Une décennie, c'est une période de dix ans.	☐	☐
b. Un hexagone, c'est une figure géométrique à quatre côtés.	☐	☐
c. Un quinquagénaire a environ 50 ans.	☐	☐
d. Le Quartier latin occupe un quart de la surface de Paris.	☐	☐
e. Un demi de bière, c'est un demi-litre de bière.	☐	☐
f. Décupler, c'est multiplier par dix.	☐	☐

/// 6. Entourez le mot qui convient.   .../2

a. Selon ce *démocrate/démographe* qui travaille à l'INSEE, le pourcentage des personnes au-dessous du *seuil/sol* de pauvreté tend à baisser.

b. La France a connu une très forte *expansion/expression/extension* entre 1945 et 1975.

c. La part affectée aux *prestations/protestations/prospections* sociales en Europe représente plus du quart du PIB.

d. Ne vous disputez pas. Chacun aura sa *part/sa partie/sa proportion* du gâteau !

D – Comprendre le sens de certains adjectifs verbaux et les orthographier correctement.

/// 7. Expliquez le sens du mot souligné.   .../2

a. un sourire <u>éclatant</u> = ...

b. un film <u>décevant</u> = ...

c. une expression <u>courante</u> = ...

d. une grève <u>payante</u> = ...

/// 8. Quel est l'adjectif verbal qui correspond au verbe ?   .../2

a. fatiguer = ...   c. exiger = ...

b. changer = ...   d. convaincre = ...

Comptez vos points

DE 15 À 20 : BRAVO ! Les exercices n'étaient pas faciles. Passez à l'unité suivante.

DE 10 À 15 : Attention à l'expression de la quantité. Revoyez en particulier *Des mots pour le dire*, leçon 8.
Si votre point faible concerne les deux derniers exercices, reportez-vous aux pages *Grammaire*, des leçons 8 et 9.

MOINS DE 10 : Revoyez les corrections des travaux d'expression écrite.
Ou mieux encore, essayez de refaire *Expression écrite* (2) de la leçon 8 et *Expression écrite* (1) de la leçon 9.

COMMENT ÉCRIRE UN ESSAI, UN RAPPORT, COMMENT ÉLABORER UN PROJET ?

• L'essai

L'essai est un texte argumentatif qui parle de la réalité.

L'auteur apparaît dans le texte et il s'adresse à un lecteur en présentant une réflexion personnelle. L'essai veut produire un effet : il cherche à convaincre le destinataire. Il veut même parfois le séduire. Il propose une discussion d'idées ; il peut s'interroger sur un problème existentiel et les sujets abordés sont extrêmement variés : politique, société, culture, morale, religion...Mais il n'est ni démonstratif ni exhaustif. C'est un point de vue parmi d'autres qui s'exprime dans une grande liberté.

• Le rapport

Le rapport est un compte rendu plus ou moins officiel qui présente l'état des choses à propos d'un fait de société, d'un problème municipal, national ou international ...

Il doit impérativement avoir un plan visible. On doit y voir : une introduction, deux ou trois parties et une conclusion.

L'introduction : présente le sujet, le point de départ et le point d'arrivée de la réflexion.

La première partie : montre la situation de départ, l'état des connaissances.

La deuxième partie : approfondit le sujet par un questionnement sur les observations de la première partie.

Les autres parties : donnent les résultats des recherches, les solutions suggérées.

La conclusion : propose un bilan et des prolongements possibles.

• Le projet

Le projet est un plan qu'on élabore pour soi, pour autrui ou pour toute une communauté, voire pour un pays. Au départ, le projet n'offre rien de certain sauf peut-être le désir de vouloir faire quelque chose. C'est ce qui impose les différentes démarches qui suivent.

Ainsi, il faut :

– **identifier le projet :** identifier un désir**,** un besoin, un problème.

– **prospecter le terrain :** il convient d'analyser l'environnement économique, social, culturel et politique, il faut : évaluer les besoins et les problèmes ; interroger les bénéficiaires du projet ; recueillir des informations ; ouvrir une concertation avec les autorités locales et nationales...

– **étudier les possibilités d'agir :** sur le plan financier, matériel, humain et organisationnel.

– **élaborer le projet :** analyser les informations obtenues lors de la phase de prospection.

– **soumettre le projet :** présenter le projet à des organisations régionales, nationales, internationales, à des associations, à des sociétés privées, à des groupes, à des amis.....

LEÇON

10

LANGUE D'HIER, LANGUE D'AUJOURD'HUI

OBJECTIF FONCTIONNEL : Écrire un essai.
LEXIQUE : La langue, le langage.
GRAMMAIRE : La phrase nominale – La conjonction : *à peine... que...*
FAITS DE LANGUE (1) : L'article défini pluriel « les » devant un nom propre.
FAITS DE LANGUE (2) : L'auxiliaire du verbe *passer*.

À une période d'inventions foisonnantes* où la langue dans une totale liberté engrangeait* des mots nouveaux, façonnait des structures, empruntait au monde extérieur sa vigueur, sa vérité, sa rudesse, son obscénité* même, a succédé une période où la langue s'est apaisée, contrôlée, affinée, appauvrie peut-être.

C'est de la cour du roi qu'est partie cette transformation. La langue s'est polie, tout en se déployant avec une majesté comparable à celle qui lui servait de décor. Et de la cour, elle s'est glissée dans les rues de la ville, dans les « ruelles »* des grandes dames. Elle s'est appliquée à traduire le plus exactement possible les troubles et les désordres du cœur, les subtilités de l'âme.

Peu à peu, elle est devenue cet instrument de beauté, d'élégance qui enchante encore aujourd'hui quelques amateurs passionnés et les professeurs. Et puis la langue a évolué. Mais elle a évolué avec une lenteur, une mesure qui permettait à ses usagers de s'habituer aux formes insolites, aux mots tout neufs, de les accueillir, de les absorber.

Les années, les siècles ont passé, apportant leurs modifications ; certains mots ont été abandonnés, des mots nouveaux ont été adoptés ; on a créé des néologismes qui reflétaient les transformations de la société, le bouleversement des idées, les avancées de la science et on a vu cohabiter une langue qui allait son petit bonhomme de chemin et ne se préoccupait pas de révolution et une langue qui se cherchait, tentait des expériences nouvelles, se travaillait, pour trouver des formes différentes, une expression originale, pour atteindre une connaissance supérieure.

Et nous voilà arrivés à cette époque qui est la nôtre. Époque étrange, époque de vitesse excessive. Tout vit à cent à l'heure ! Plus de contemplation désintéressée, de maturation lente, de longue attente ! La langue a suivi le mouvement et a subi ainsi diverses influences.

Influence de l'anglais qui prévaut aujourd'hui même au cœur de l'université, qui contamine la langue des entreprises avec ses : je te forwarde mon mail, je t'envoie mon mail ; je te fais parvenir « la to do liste » = la liste des choses à faire....

Langue bizarre qu'on retrouve également chez ceux qu'on appelle les communicants.

De plus, la langue s'accélère ; on n'a pas le temps d'aller au bout de ses mots ; trop long ! Alors on abrège. Les formes anciennes ennuient, alors on passe à autre chose. À peine s'est-on habitué à certaines nouveautés que d'autres surviennent. C'est ce que révèle le parler des « jeunes », inventif, sans cesse dépassé mais toujours renouvelé, avec ses mots tronqués (*resto, cata*) ses termes argotiques, ses emprunts, son verlan (l'inversion des syllabes : *meuf, keuf*), parfois savoureux, souvent incompréhensible pour certains... ; c'est ce que montre aussi

...

le parler des médias, plat, sans saveur, avec ses modes lexicales et grammaticales constamment changeantes et souvent erronées.

Enfin, fait inédit, jamais imaginé ! Ce n'est plus la cour du roi qui imprime à la langue son style. Ce ne sont plus les grammairiens, les linguistes, ce ne sont plus les Vaugelas *, les Richelet * qui fixent les formes, qui dictent les règles. C'est la technologie ! La technologie est en train de soumettre la langue. Nous assistons, peut-être, à une vraie révolution, à la naissance d'une langue nouvelle. Une langue où les voyelles disparaîtraient peu à peu, où le vocabulaire s'appauvrit, une langue qui prend des raccourcis et qui en même temps se donne des codes rigides, comme la langue des tweets.

C'est la rapidité d'exécution de l'ordinateur, c'est la place réduite de l'écran du téléphone portable ou de l'Ipad qui ont donné le « la ». Les SMS ou textos, les blogs rapides, les messageries paresseuses, tout concourt à créer une langue qui se réduit et qui de ce fait, n'a plus rien à dire. Une langue qui, par exemple pour parler d'amour ne saurait plus qu'écrire ces trois lettres JTM.

Certains constatent cet état de choses, d'autres le déplorent ou s'en félicitent ; il me semble qu'on pourrait, à tout le moins, s'en inquiéter.

Anatole de Vaugirard, 2017

Foisonnant(e) : abondant(e) – **engranger** : réunir pour conserver – **une obscénité** : une gros-sièreté – **la ruelle** : ici, l'espace entre le mur et le lit où certaines femmes de haut rang, au XVIIème siècle recevaient leurs visiteurs. Ces lieux sont devenus des salons littéraires.
Vaugelas et **Richelet** = grammairien et lexicographe du XVIIe siècle.

/// **1. Pourriez-vous situer dans le texte les quatre périodes historiques et littéraires rapidement et sommairement évoquées par l'auteur ?**

a. Le XVIe siècle : ....

b. Le XVIIe siècle : ....

c. Le XIXe et le XXe siècle : ....

d. Le XXIe siècle : ....

/// **2. Quelle est la grande différence, selon l'auteur du texte, entre les époques antérieures et la nôtre ? Qu'en pensez-vous ?**

....

....

/// **3. Vous arrive-t-il d'écrire de vraies lettres ? Dans quelles circonstances ?**

....

....

/// **4. Sentez-vous un optimisme ou un pessimisme dans ce texte ? Développez et justifiez votre réponse.**

....

....

Langue et langage

Des noms

la langue – le langage – le parler – le vocabulaire – un mot – un terme – un néologisme – la troncation – l'inversion des syllabes (= le verlan) – l'argot

un linguiste – un grammairien – un lexicographe – un usager (de la langue)

Des verbes

façonner – abandonner – adopter des mots – polir

Des adjectifs

argotique – savoureux – tronqué – docte – érudit

Des expressions

aller son petit bonhomme de chemin (= poursuivre son entreprise sans hâte, sans bruit, mais sûrement)

vivre à cent à l'heure (= vivre très rapidement)

donner le « la » (= donner le ton, l'exemple)

/// **5.** Entourez la bonne réponse.

a. Le néologisme est : un animal préhistorique/un mot nouveau/un type d'erreur.

b. La troncation est : une machine-outil qui sert à découper/un procédé d'abrègement d'un mot/une maladie des poumons.

c. Un lexicographe écrit : la vie des grands hommes/la loi/des dictionnaires.

d. L'argot est un langage particulier à : un groupe de personnes/un vêtement d'hiver/un oiseau exotique.

e. Un usager est : un vieux vêtement/une mauvaise habitude/un utilisateur.

/// **6.** Le verlan inverse les syllabes. Reliez les mots des deux colonnes de manière à retrouver ceux qui ont le même sens en langue standard et en verlan.

Langue standard	Verlan
a. une femme	**1.** relou
b. bizarre	**2.** pecho
c. un policier (un flic)	**3.** caillera
d. louche	**4.** meuf
e. fou	**5.** zarbi
f. choper (attraper)	**6.** keuf
g. lourd	**7.** chelou
h. racaille	**8.** ouf

/// **7.** Quel rapport pourriez-vous établir entre ces deux expressions qui comportent le mot « poli ».

a. Une personne polie.   **b.** La langue se polit.

....

/// **8.** Barrez l'intrus.

abrègement – troncation – abstention – réduction – raccourci

Faits de langue (1)

Les **Vaugelas**, les **Richelet**

Vaugelas et Richelet sont des noms propres. Normalement, on ne met pas d'article devant les noms propres. Mais si on veut parler de personnes qui ont une ressemblance avec un individu, on met l'article défini pluriel devant le nom de cet individu. Les **Vaugelas** signifient tous les grammairiens qui auraient pu jouer un rôle analogue à celui de Vaugelas. Les **Richelet** désignent tous les lexicographes qui ressembleraient à Richelet.

1. La phrase nominale ou phrase sans verbe

Elle peut se présenter sous la forme d'un énoncé à un seul terme : *Mes clés !* ou à deux termes : *Superbe, ce tableau !* Elle est particulièrement expressive.

On rencontre la phrase nominale dans :

– certains proverbes, certaines maximes : *Chacun pour soi et Dieu pour tous !*

– la langue parlée, par économie, pour aller plus vite : *Ce film, quel ennui !* (à la place de : *Comme ce film est ennuyeux !*)

– dans les énoncés exclamatifs : *Géniale, cette BD !*

– dans la langue écrite pour :

• noter un fait nouveau : *Hier, nous avons eu une tempête épouvantable. Aujourd'hui,* **calme plat**.

• planter un décor : *La montagne est devant nous, majestueuse.* **Sommets couverts de neige, forêt profonde !** Elle peut être assertive, *(aujourd'hui, calme plat)* ; exclamative *(Ciel, mon mari !)*, interrogative *(À quelle heure le prochain train ?)* négative *(Plus de contemplation désintéressée, de maturation lente, de longue attente !)*

/// **9.** Transformez les phrases suivantes en phrases nominales.

a. Cette fête est magnifique . . . .

b. Combien coûte ce collier ? . . . .

c. Je vous adresse toutes mes félicitations. . . . .

d. Heureusement, après cette chute, je n'ai pas une seule égratignure. . . . .

e. Nous sommes sauvés, Dieu merci ! . . . .

f. Je vous présente mon fils Arthur. . . . .

2. Une structure particulière : la subordination inverse

Voici une phrase complexe qui exprime l'idée du temps :

Dès qu'on s'est habitué à certaines nouveautés, d'autres surviennent.

Pour donner une impression de plus grande rapidité de l'action, on utilisera une structure spéciale à l'aide de quelques expressions comme : *à peine... que ; ne pas plus tôt... que, ne pas encore... que*. Il faut noter que la proposition principale se trouve après le mot « que ». C'est ce qu'on appelle la subordination inverse.

À peine s'est-on habitué à certaines nouveautés (proposition subordonnée) *que d'autres surviennent* (proposition principale).

On ne s'est pas plus tôt habitué à certaines nouveautés (proposition subordonnée) *que d'autres surviennent* (proposition principale).

On ne s'est pas encore habitué à certaines nouveautés (proposition subordonnée) *que d'autres surviennent* (proposition principale).

Il faut noter qu'avec l'adverbe « à peine » en tête de phrase on utilise dans la langue écrite l'inversion du verbe, de l'auxiliaire et du sujet.

On peut placer « à peine » à l'intérieur de la phrase. Dans ce cas, il n'y a pas d'inversion.

À peine s'est-on habitué... que d'autres surviennent.

On s'est à peine habitué... que d'autres surviennent.

/// **10.** Transformez la phrase suivante de manière à utiliser la structure de la subordination inverse.

Aussitôt qu'il s'est mis au lit, il s'endort . . . .

Faits de langue (2)

L'auxiliaire du verbe « passer »

Le verbe « passer » au sens propre est un verbe de mouvement et il prend l'auxiliaire « être ».

Je suis passée par la rue Victor Hugo pour me rendre au rendez-vous.

Lorsqu'il signifie « s'écouler » en parlant du temps, il prend normalement l'auxiliaire « avoir ». *Le temps a passé. Les mois et les années ont passé.* De même pour parler des couleurs : *La couleur de la tapisserie a passé.*

/// 11. Écrivez un essai sur l'évolution de votre langue depuis 4 ou 5 siècles.

Voici, pour vous aider, un rappel de quelques caractéristiques de l'essai :

- L'essai est une prise de parole subjective, dans un style clair et simple qui convient à l'analyse.
- La première personne du singulier, le « je », est souvent employée.
- L'auteur explore la réalité, à travers une discussion d'idées.
- Le ton est engagé, persuasif.
- Mais il n'est pas démonstratif et il ne doit pas montrer d'intolérance.
- Il propose plutôt une réflexion libre sur un sujet donné.
- On peut introduire des citations, des exemples...

/// 12. Écrivez un essai sur le sujet de votre choix :

· L'influence d'Internet sur la langue.
· L'orthographe a-t-elle été réformée dans votre langue ? Si c'est le cas, qu'en pensez-vous ? Sinon, souhaiteriez-vous une réforme et pourquoi ?

....
....
....
....
....
....
....
....
....
....
....
....
....
....
....
....
....
....
....
....
....
....
....
....

/// MANIÈRES DE DIRE

À l'endroit ou à l'envers ?

Retrouvez le français standard dans ces expressions en verlan :

Laisse béton ! Ziva, Manu ! Ce keum est ouf ! Allez-y à donf, les copains !
Tu viens chez oim ? Ah, il est vener, le mec !

LEÇON 11

ARBRES, PARCS ET JARDINS

OBJECTIF FONCTIONNEL : Écrire un rapport.
LEXIQUE : Les jardins, les parcs, les arbres, les fleurs, les ordures...
GRAMMAIRE : La valeur stylistique des temps – Les inversions verbe/sujet.
FAITS DE LANGUE (1) : Noms communs tirés de noms propres.
FAITS DE LANGUE (2) : Le suffixe *-iser* dans la formation des verbes.

« Il faudrait construire les villes à la campagne, l'air y est tellement plus pur »

Cette phrase d'un humoriste pourrait ne plus sembler paradoxale aux citadins d'aujourd'hui qui aimeraient faire de leur ville un havre* de verdure, où, leur semble-t-il, on vivrait beaucoup mieux. En effet, les espaces verts remplissent des fonctions essentielles dans un milieu urbain dense : une fonction sociale, une fonction esthétique, une fonction écologique (ils sont un facteur d'équilibre de l'écosystème urbain) et aujourd'hui une fonction économique avec la création de fermes dans les villes.

Rapport sur le développement durable de 2013-2014

Celui-ci préconisait de développer la place de la nature en ville et c'est cet objectif ambitieux que la Mairie de Paris a poursuivi.

Le nouvel état des lieux

En quelques années, les Parisiens auront vu leurs espaces verts augmenter de plusieurs hectares et dans les années à venir, ils verront leur ville de pierre et de verre se modifier en se *végétalisant, ce néologisme correspondant à une nouvelle situation urbaine.

Les jardins le long des murs

Le projet a été proposé en 2014. Il consiste à faire disparaître une quarantaine de murs aveugles en les *végétalisant. Il contribue ainsi à embellir les quartiers et à créer un microclimat propice à la biodiversité en offrant un abri aux oiseaux et aux petits mammifères. En 2016, 26 murs ont déjà été installés et 13 sont à l'étude.

Les jardins et les potagers sur les toits

Venus de l'autre côté de l'Atlantique, les jardins et potagers urbains ont commencé à fleurir à Paris. Ainsi, en 2012, 22 hectares de toits ont été *végétalisés. Et depuis, bâtiments publics, centres commerciaux, grands magasins, hôtels ont fait éclore sur leurs toits fraisiers, framboisiers, salades, épinards, lavande, basilic... Et tous ces fruits et aromates ont du goût et ne sont pas pollués.

L'agriculture dans la capitale

Située en plein cœur du Bois de Vincennes, la Ferme de Paris est une exploitation agricole à vocation pédagogique gérée selon les pratiques de l'agriculture biologique. De nombreuses animations y sont organisées pour les petits et les grands ; tonte des brebis, moissons, alimentation des animaux... À côté de la Ferme de Paris, il y a aussi la ferme mobile qui s'invite chaque mois dans un arrondissement de Paris.

... et toujours les arbres

Paris est l'une des capitales les plus boisées d'Europe. Et d'ici 2020, la Mairie de Paris plantera 20 000 arbres supplémentaires ce qui augmentera sensiblement le patrimoine arboré de la capitale qui compte

...

...

environ 485 000 arbres. La plantation d'essences mellifères* favorisera le maintien des abeilles dans la ville : plus de 300 ruches sont déjà présentes dans Paris.

Une nouvelle gestion des espaces verts

La Direction des parcs, jardins et espaces verts veut désormais offrir au public des espaces verts 100% écologiques. Cela implique :

– l'interdiction depuis le 1er janvier 2017 de l'utilisation des traitements chimiques.
– la gestion économe de la ressource en eau.
– le développement de la faune, de la flore et de la biodiversité.

– le souci de privilégier les plantes « indigènes » aux dépens des espèces exotiques.
– une incitation du public au respect de l'environnement (tri sélectif, poubelles différenciées...)

Quelles perspectives ?

Après un audit*, le label national Ecojardin (créé en 2012) a été attribué à 38 jardins parisiens en 2013. Il reconnaît la gestion écologique d'un espace vert : l'objectif est d'obtenir dans les prochaines années que la quasi-totalité des espaces soit labellisée*.

un havre : un abri, un refuge – **mellifère :** qui produit du miel – **un audit :** une procédure de contrôle d'une gestion – **labelliser :** donner un label, une marque qui garantit l'origine ou la qualité d'un produit .

/// **1.** Que pensez-vous de la phrase titre : « *Il faudrait construire les villes à la campagne, l'air y est tellement plus pur.* » ?

....
....

/// **2.** En quoi les espaces verts ont-ils une fonction sociale et esthétique ?

....
....
....

/// **3.** Expliquez ce que signifient les termes : *biodiversité* et *écosystème*. Servez-vous d'Internet.

....
....

/// **4.** Pour quelle raison la ville demande-t-elle des audits ?

....
....

Parcs et jardins

Des noms

le parc – un espace vert – un square – le bois – la forêt – la faune – la flore – une essence – la biodiversité – l'environnement – l'écosystème – le traitement – un(e) citadin(e) – un audit

---

Des verbes	*Des adjectifs*
planter – traiter – tondre	écologique – boisé – végétal – urbain – citadin

---

/// 5. Polysémie : un seul mot, plusieurs sens, selon le contexte. Donnez le sens des termes suivants :

1. traitement

a. Que faire quand on se rend compte qu'un enfant est victime de mauvais <u>traitements</u> ?

b. Le <u>traitement</u> que reçoit ce modeste employé ne lui permet pas de faire vivre convenablement sa nombreuse famille.

c. L'état du malade ne s'améliorait pas ; le médecin a décidé de changer le <u>traitement</u>.

d. Les <u>traitements</u> chimiques des plantes devraient être réduits.

e. Le <u>traitement</u> écologique d'un jardin demande une modification profonde des habitudes anciennes.

2. essence

a. Que voulez-vous ? De l'<u>essence</u> ordinaire ou de l'<u>essence</u> sans plomb ?

b. Quelle est l'<u>essence</u> d'un être humain ?

c. Cette forêt est plantée des <u>essences</u> les plus rares.

d. Ce parfum est composé d'<u>essences</u> de lavande, de bergamote et de violette.

/// 6. Précisez le sens de ces mots qui n'ont pas tous la même origine mais qui se ressemblent :

a. un audit = ...   d. un on-dit = ...

b. un édit = ...   e. un non-dit = ...

c. un lieu-dit = ...

/// 7. Choisissez : *urbain, citadin, citoyen* ?

a. Un bon . . . . doit voter.

b. Le milieu . . . . n'est pas toujours favorable au développement des espaces verts.

c. Le . . . . a besoin d'espaces verts que sa ville ne lui offre pas toujours.

/// 8. Trouvez, dans le texte, le mot qui pourrait être le contraire du terme « indigène ».

. . . .

Faits de langue (1)

Quand des noms propres deviennent des noms communs :

POUBELLE : (Eugène René), vécut de 1831 à 1907. Préfet de la Seine, il imposa l'utilisation d'un récipient destiné aux ordures ménagères et son ramassage quotidien. *Ce récipient a pris le nom du préfet.*

SANDWICH : (John Montagu, *comte de -*), son cuisinier imagina cette façon de manger afin que son maître ne soit pas obligé de quitter la table de jeu. *Le sandwich = tranches de pain entre lesquelles on met du fromage ou du jambon.*

SILHOUETTE : (Étienne de), ministre des finances en 1759. Il prit des mesures de restrictions qui le rendirent impopulaire. Son passage au gouvernement fut très bref. *La silhouette = dessin à peine ébauché, contour.*

/// 9. Cherchez l'origine et le sens des mots suivants : *watt, macadam, braille, mécène.*

. . . .

1. La valeur stylistique des temps

Présent, futur, imparfait, passé composé, futur antérieur peuvent prendre une valeur purement stylistique.

Il faisait nuit ; soudain un cri déchire le silence. (Le présent remplace un passé simple ou un passé composé et donne au lecteur l'impression de participer directement à l'action.)

Quelqu'un frappe à la porte ; ce sera encore ma voisine. (Ce futur n'est pas un futur, mais il correspond à un présent de probabilité = c'est sans doute ma voisine...)

Il y a trente ans, l'orme disparaissait du paysage parisien. (L'imparfait correspond à un passé composé ; renforcé par l'expression temporelle, il donne l'impression d'un ralentissement de l'action.)

Attendez, attendez, j'ai fini. (Ce passé composé est en réalité un futur antérieur, on veut donner l'impression que l'action sera achevée dans quelques instants.)

En quelques années, les Parisiens auront vu leurs espaces verts augmenter de plusieurs hectares. (Ce futur antérieur est en réalité un passé composé. Le futur antérieur donne une perspective particulière à l'action.)

/// 10. À quel temps réel correspondent les formes verbales suivantes ?

a. Patience, encore quelques mètres et nous avons franchi le mur.

b. Qui est avec Anne ? Oh, ce sera cet ami dont elle nous a parlé.

c. À 6 heures précises la navette spatiale atterrissait dans le désert du Névada.

d. Le 14 juillet 1789, le peuple de Paris prend la Bastille.

e. En quelques années, nous aurons vu se produire bien des changements dans nos villes.

2. La proposition incidente

Une proposition incidente est une proposition incluse dans une phrase pour y glisser une notation accessoire.

Elle sert donc à introduire, à insérer un commentaire sur un discours, à l'intérieur de ce discours, pour le préciser ou le nuancer. Elle joue le rôle d'une parenthèse.

Elle se trouve le plus souvent au milieu ou à la fin de la phrase, parfois au début.

– *Je crois qu'il va pleuvoir. Il va pleuvoir, **je crois.***

– ***Je vous le dis entre nous**, Marie n'est pas franche. Marie, **je vous le dis entre nous**, n'est pas franche.*

– ***À ce qu'il semble**, on vit mieux dans une ville où les espaces verts abondent. On vit mieux, **semble-t-il**, dans une ville où les espaces verts abondent. On vit mieux dans une ville où les espaces verts abondent, **semble-t-il**.*

Attention ! L'inversion du sujet dans ces propositions est rare, mais possible à l'intérieur et à la fin de la phrase. Il n'y a jamais d'inversion du pronom sujet et du verbe en tête de la phrase.

/// 11. Transformez la phrase suivante de manière à obtenir une proposition incidente. (Inspirez-vous des phrases données ci-dessus.)

a. J'espère qu'il a compris. ....

b. Il lui semblait que tout le monde était contre lui. ....

c. Il paraît que votre ami a été licencié. ....

Faits de langue (2)

Il faut noter le succès grandissant du suffixe factitif -iser qui exprime l'action de : *faire, donner, rendre, mettre dans un état.*

Il sert à former de nombreux verbes : *finaliser, franchiser, labelliser, médiatiser, optimiser, somatiser, sponsoriser.*

/// 12. Écrivez un rapport sur les transports en commun dans une ville de votre choix.

Pour vous aider, voici deux plans possibles.

Introduction : Comment se déplaçait-on dans cette ville avant les transports en commun ?

Situation : Quels sont les transports en commun existants ?

Analyse : Y en a-t-il qui fonctionnent mieux que d'autres ? Quels sont les inconvénients et les avantages des uns et des autres ?

Proposition/Conclusion : Il y a des aménagements, des améliorations, des créations à faire. Comment les faire, avec quels moyens ?

Ou bien :

Introduction

État des lieux actuel

Les conséquences de cet état des lieux

Proposition en forme de conclusion

....
....
....
....
....
....
....
....
....
....
....
....
....
....
....
....
....
....
....
....
....
....
....
....

/// **14.** Écrivez un rapport sur le sujet de votre choix :
- L'apiculture en milieu urbain.
- Le logement social dans votre ville depuis une dizaine d'années.
- La végétalisation* d'un immeuble privé.

(Informez-vous sur Internet)

....
....
....
....
....
....
....
....
....
....
....
....
....
....
....
....
....
....
....
....
....
....
....
....

/// MANIÈRES DE DIRE

Sur le modèle « macadamiser », jouons un peu !

Les mots suivants n'existent pas. Mais s'ils existaient, qu'est-ce qu'ils signifieraient ?

- *« poubelliser »* = ...
- *« sandwichiser »* = ...
- *« vuitonniser »* = ...
- *« dioriser »* = ...

OBJECTIF FONCTIONNEL : Élaborer un projet, le discuter.

LEXIQUE : Tourisme, relations interculturelles.

GRAMMAIRE : Expression du conseil, de l'ordre avec la forme impersonnelle – Le subjonctif après les relatives (rappel).

FAITS DE LANGUE (1) : *quand/quant à.*

FAITS DE LANGUE (2) : *un sac à dos/sac au dos.*

Monter un projet de tourisme équitable

Cet été, vous n'avez pas voulu bronzer idiot ni jouer au touriste consommateur d'exotisme : vous êtes parti, sac au dos, à la rencontre des autres, au Burkina Faso, en Bolivie ou au Laos et vous êtes revenu transformé par cette expérience faite d'échanges et de respect.

Vous n'avez plus qu'une idée en tête : convaincre vos amis, vos camarades de travail ou de fac que le tourisme équitable est la manière de voyager la plus intelligente parce qu'elle permet d'aider économiquement les pays pauvres.

D'accord mais comment passer de ce vœu pieux* à un projet concret ?

D'abord, bien préparer le terrain. Et avant tout connaître le contexte. Souvent, vous connaissez peu et mal la réalité quotidienne du village où vous souhaitez implanter votre projet et encore moins les dessous de la politique locale. Attention aux vieilles querelles et aux rivalités entre familles, clans, villages... Il conviendra de bien vous renseigner avant. En tout état de cause*, il vous faudra être très diplomate, prudent, modeste ; surtout, évitez d'apparaître comme celui qui arrive en terrain conquis avec ses dollars (ou ses euros), ou comme le « sauveur » qui vient avec ses idées préconçues sur ce qui est vrai, juste, moral...

S'appuyer sur des partenaires locaux

Sur place, il faut que vous puissiez compter absolument sur quelqu'un qui connaisse parfaitement la situation locale et puisse gérer l'accueil des touristes dans son pays. L'idéal est donc de monter avec ce ou ces partenaires une association qui proposera un hébergement chez l'habitant ou la découverte de la région avec un guide. On peut également penser à une formule plus souple : le partenaire local sera là pour mettre en contact touristes et « familles d'accueil », pour donner des « tuyaux* », proposer des itinéraires de balades à faire en toute liberté... bref, aider les touristes désireux de se débrouiller tout seuls à construire leur séjour en évitant les écueils*.

Choisissez bien vos correspondants sur place : attention à ceux qui n'ont en tête que le profit. Le but du tourisme équitable est certes d'aider au développement des pays pauvres mais pour qu'il y ait échange, le don doit être réciproque ! Le touriste doit également avoir l'impression qu'il a « gagné » quelque chose. Il faudra aussi vérifier que les bénéfices tirés de ces activités touristiques soient bien utilisés pour développer à l'échelle locale des projets concrets, décidés et menés par et pour les communautés elles-mêmes.

Informez les candidats au voyage des conditions matérielles du séjour. Ces informations doivent être très précises. Cela évitera bien des malentendus à l'arrivée. Par exemple, montrez-leur, témoignages et photos à l'appui,

···

...

l'intérieur typique des maisons où ils seront accueillis ; rappelez-leur qu'ils n'y trouveront vraisemblablement pas le niveau de confort d'un pays occidental quant au couchage ou aux toilettes, que l'eau risque d'être rationnée, qu'il est indispensable de la faire bouillir, qu'il vaut mieux éviter les légumes crus, etc.

Favoriser le rapport interculturel

N'oubliez jamais qu'à l'étranger, l'étranger c'est vous ! Respectez ceux qui vous accueillent chez eux. Informez également les futurs « voyageurs équitables » de ce qu'il est préférable de faire ou de ce qu'il faut absolument éviter de faire : s'il y a lieu d'apporter un présent de bienvenue et si oui, lequel ; quel comportement adopter avec les femmes, avec les enfants ; comment se tenir à table ; quel vêtement porter pour ne pas choquer... En un mot, savoir ce qui se fait et ce qui ne se fait pas. Il est important de les aider à éviter, le plus possible les impairs, les malentendus culturels.

Vous leur donnerez aussi des informations sur l'histoire du pays.

Après le voyage...

Lorsque « vos » voyageurs seront revenus, organisez avec eux une rencontre, en chair et en os si possible, virtuelle sinon, pour qu'ils puissent revenir sur leur expérience et aussi prolonger le contact entre eux. Ce « feed-back » est indispensable et pour eux et pour vous, organisateur, qui pourrez en tirer des idées pour les années à venir. L'idéal est bien sûr de créer un site sur lequel ils pourront partager leur expérience avec les internautes, faire circuler photos et témoignages, raconter des anecdotes et donner des conseils sur ce qu'il faut faire (les « bons plans ») ou ne pas faire (« les erreurs à ne pas commettre »).

* **un vœu pieux** = un souhait plein de bonté mais qu'on sait difficile à réaliser. – * **en tout état de cause** = de toute manière. – * **un tuyau** (fam.) = un bon conseil. – * **un écueil** (ici, au sens figuré) = un danger qu'il faut essayer d'éviter.

/// **1.** « *Le touriste doit également avoir l'impression qu'il a « gagné » quelque chose* ». Comment comprenez-vous cette phrase ? Donnez quelques exemples.

....

....

/// **2.** Dans votre culture, lorsqu'on est invité chez quelqu'un, est-il habituel d'apporter quelque chose ?
Si oui, quoi, par exemple ? Et à qui : au maître de maison ? à la maîtresse de maison ? aux enfants ?

....

....

/// **3.** Qu'est-ce qu'un « *malentendu culturel* » ? Comment expliqueriez-vous ce terme à quelqu'un qui ne le connaîtrait pas ? Donnez quelques exemples.

....

....

/// **4.** Quelle est la formule de voyage que vous préférez : un vol « sec » et vous vous débrouillez sur place, la formule vol + hébergement, un séjour entièrement organisé... ? Expliquez en 3 à 4 lignes les raisons de votre choix.

....

....

....

Voyages

Des noms

un projet – le développement – l'aide – un pays en voie de développement – le commerce équitable – une association –
un partenaire – un correspondant – un guide – l'échange – le respect – le partage – un impair – un malentendu
la politique locale – une communauté (villageoise, par exemple)
l'hébergement – le couchage – le confort
diverses formules de voyage

Des verbes

monter un projet – implanter un projet – gérer la situation –
compter sur quelqu'un – établir un contact avec quelqu'un

Des adjectifs

équitable – juste
interculturel – multiculturel

Des expressions

connaître les dessous de quelque chose (= ce qui est caché)
avoir quelque chose en tête (= penser à quelque chose)
à l'échelle locale (= au niveau du village, de la région)

/// 5. À votre avis, que signifie le terme : *un voyagiste* ?

....

/// 6. Quelle est la différence entre *planter quelque chose* et *implanter quelque chose* ?

....

....

/// 7. Un dessous, des dessous... Comment comprenez-vous ce mot dans les phrases suivantes ?

a. Dans toutes leurs discussions, c'est toujours Marc qui a le dessous.

b. Elle porte toujours des dessous en soie ou en dentelles.

c. Pour que l'affaire aboutisse, on a dû verser un dessous de table.

d. Heureusement que tu m'as appelé ! Depuis ce matin, je suis au trente-sixième dessous !

Faits de langue (1) Rappel

Attention à ne pas confondre *quand* et *quant à*.
Ils disent qu'ils ont adoré Marseille plus que toutes les villes de France. Quant à moi (= en ce qui me concerne, pour moi),
je préfère Lyon.
Et rappel : la liaison *quand* + voyelle ou nasale se fait en [t].
Quand on a vu ça [kɑ̃tõnavysa], *on était tout étonnés.*

Faits de langue (2)

Ne confondez pas : *un sac à dos* et *partir sac au dos* (= avec un sac sur le dos).

1. Expression de l'ordre, de la suggestion, du conseil. Rappel de quelques formes impersonnelles et du mode à utiliser

– Il faut.... + infinitif/que + subjonctif

Il faut être à l'heure. (conseil ou ordre général)/*Il faut que vous soyez à l'heure.* ou *Il vous faudra être à l'heure.* (conseil à une personne précise)

– Il vaut mieux.... + infinitif/que + subjonctif

Il vaut mieux éviter les départs entre 15h et 20h. (conseil général)/*Il vaut mieux que tu partes après 20h.* (conseil à une personne précise)

– Il convient de .....+ infinitif/que... + subjonctif

Il convient de se comporter avec délicatesse. (conseil général)/*Il conviendra que tu ne fasses pas de scandale.* (conseil à une personne précise)

– Il est utile, important, obligatoire, interdit, possible etc..... de + infinitif/ que + subjonctif

Il est important d'arriver à l'heure au RV. (conseil général)/*Il est important que tu sois bien à l'heure au RV.* (conseil à une personne précise)

– Il suffit de + infinitif/que + subjonctif

Il suffit de présenter sa carte d'identité. (obligation générale)/*Il suffira que tu présentes ta carte d'identité.* ou *Il te suffira de présenter ta carte d'identité.* (obligation formulée pour une personne précise)

/// 8. Dans les phrases suivantes, le verbe souligné peut-il avoir un sujet personnel ?

	OUI	NON
a. Lorsqu'il sortit, il constata qu'il <u>avait plu</u> pendant la nuit.	☐	☐
b. Il <u>a été procédé</u>, dix ans plus tard, à une révision du procès.	☐	☐
c. Pour monter un tel projet, il <u>faut</u> de la patience.	☐	☐
d. Dans ce roman, il <u>s'agit</u> de l'aventure qu'a vraiment vécue l'auteur dans les années 80.	☐	☐
e. J'ai entendu dire qu'il <u>s'était produit</u> la même chose à Lyon.	☐	☐
f. Il <u>semble</u> que leur décision ne soit pas encore prise.	☐	☐

2. Après les pronoms relatifs : indicatif ou subjonctif ? Comparez ces deux phrases :

Il faut que je trouve quelqu'un qui connaisse parfaitement la situation locale.

Ça y est ! J'ai trouvé quelqu'un qui connaît parfaitement la situation locale.

→ Dans le second cas, on sait que la personne existe. Dans le premier, rien ne permet de l'affirmer.

/// 9. Justifiez avec vos propres mots l'emploi du subjonctif dans les trois phrases suivantes :

a. Il aimerait trouver un studio où il puisse travailler au calme.

....

b. Il n'y a rien dont il ne se sente capable.

....

c. Je n'ai trouvé personne qui sache me renseigner utilement.

....

/// 10. Quelle différence voyez-vous entre :

a. L'idéal est bien sûr de créer un site sur lequel ils pourront partager leur expérience avec les internautes.

b. L'idéal est bien sûr de créer un site sur lequel ils puissent partager leur expérience avec les internautes.

....

....

/// **11.** Commentez cette BD de Claire Brétécher.

Brétécher © Dargaud, 2017

....
....
....
....

/// 12. Les gestes (ou les mots) à éviter.

Quand on voyage, il arrive souvent que l'on commette des impairs (ou des erreurs) sans le vouloir. Un malentendu d'origine culturelle est vite arrivé ! Par exemple, dans certains pays, un homme ne serre pas la main d'une femme ou bien utiliser la main gauche («impure») pour manger ne se fait pas. Ailleurs, on doit se déchausser avant d'entrer dans une maison. Ailleurs encore, toucher la tête d'un enfant porte malheur...

Vous est-il arrivé, lors d'un voyage ou d'une rencontre avec des personnes d'autres cultures, d'être confronté(e) à une situation gênante à la suite d'un malentendu interculturel ?

À votre tour, donnez un ou deux exemples de gestes à éviter ou de malentendus interculturels.

....
....
....
....
....
....
....
....

/// 13. Vous voulez créer un site pour les Français qui désirent voyager dans votre pays. Réfléchissez aux conseils que vous pourriez leur donner :

• les « bons plans » (les endroits moins touristiques, plus secrets).
• ce qu'il est bon de savoir avant de partir (conditions climatiques, conditions de vie, horaires...).
• les comportements, les gestes, les mots à éviter.

....
....
....
....
....
....
....

/// MANIÈRES DE DIRE

On commet une maladresse, un impair. En français familier, on fait une boulette, on gaffe, on fait une gaffe (mais faire gaffe à quelque chose = faire attention à quelque chose, se méfier de quelque chose).

Quand je lui ai parlé de son ancien copain, elle a changé de couleur. Je crois que j'ai fait une gaffe !
Hé, fais gaffe, petit, tu vas tomber !

Attention, les deux expressions, surtout la seconde, appartiennent au registre familier.

Petite histoire de certains suffixes

a. Des suffixes en pleine expansion

• **Le suffixe -iser** : très populaire, il sert à former de nombreux verbes à partir d'adjectifs ou de noms, comme : *actualiser, animaliser, banaliser, économiser, fertiliser, harmoniser, humaniser, légaliser, politiser, privatiser, nationaliser, numériser, sonoriser, tranquilliser, valoriser...* ces verbes ont une valeur factitive.

La langue d'aujourd'hui en forme sans cesse de nouveaux comme par exemple le verbe « **végétaliser* » que nous avons rencontré dans la leçon 14, mais qui n'est pas encore véritablement attesté ; la situation a commandé sa formation. La mairie veut une ville « verte » une ville où poussent des fleurs, des fruits, des végétaux, donc on « végétalise » la ville.

• **le suffixe -ifier** : il sert aussi à former de nombreux verbes à partir de noms ou d'adjectifs comme : *amplifier, falsifier, fortifier, modifier, personnifier, purifier, simplifier, solidifier...*

Ce sont des suffixes qui expriment l'action de faire, de donner, de rendre, de mettre dans un état...

b. Des suffixes morts ou non productifs

– À côté de ces suffixes en pleine expansion, on en trouve d'autres qui sont des suffixes morts, qui ne forment plus de mots nouveaux, comme par exemple :

– un suffixe adverbial en **-ons** qu'on trouve dans : *à tâtons* = en aveugle, en tâtonnant, en ne sachant pas où l'on va ;

→ *à reculons* = en allant en arrière ; ...

– quelques suffixes comme : **-ain, -aine**, qui donnent des noms désignant des personnes ou des collections : *prochain, châtelain, douzaine...*

c. Le suffixe « zéro » et le suffixe en -e

On peut constater que certains mots ne comportent pas de suffixe.

On forme des noms masculins en retirant la désinence du verbe et en gardant le radical pur :

Ainsi : appeler → *appel* ; (re)jeter → *(re)jet* ;

appuyer → *appui* ; ennuyer → *ennui* ; essayer → *essai* ; employer → *emploi* ; envoyer → *envoi*

ou bien : accueillir → *accueil* ; recueillir → *recueil* ; bondir → *bond* ; choisir → *choix* ; combattre → *combat* ; débattre → *débat* ; crier → *cri* ; galoper → *galop* ; oublier → *oubli* ; reculer → *recul* ; refuser → *refus* ; sauter → *saut* ; troquer → *troc* ; voler → *vol*.

Et on forme des noms féminins en ajoutant à ce radical pur un -e :

gêner → *la gêne* ; hâter → *la hâte* ; marcher → *la marche* ; payer → *la paie*.

d. Suffixes familiers, populaires...

Il existe une série de suffixes souvent vides de sens mais qui ont une connotation familière, populaire ou argotique.

– le suffixe -o qu'on ajoute à des mots tronqués, coupés, comme :

alcoolo (alcoolique) ; *apéro* (apéritif) ; *dirlo* (directeur ou directrice d'école) ; *hosto* (hôpital) ; *projo* (projecteur) ; *prolo* (prolétaire) *proprio* (propriétaire) ;

– le suffixe -ar, qui donne *polar*, (un roman ou un film policier) ; *nanar* (navet = mauvais film)

– le suffixe -oche, qu'on a dans : *cinoche* (ciné), *fastoche* (facile), *valoche* (valise)

– le suffixe -os, qui appartient à la langue argotique des jeunes et qu'on trouve dans : *calmos* (calme) ; *craignos* (qui craint, qui n'est pas à la hauteur) ; *gratos* (gratuit), *matos* (matériel) ; *nullos* (nul/nulle) *tranquillos* (tranquille) ...

Bilan autocorrectif

///

Maintenant vous savez...

A – Ce qu'est un essai.

/// 1. Voici trois affirmations. Répondez par VRAI ou FAUX. .../3

	Vrai	Faux
a. Dans un essai, employer la première personne est strictement interdit.	☐	☐
b. Dans un essai, il n'est pas interdit de faire des citations.	☐	☐
c. Dans un essai, le nombre de mots est toujours indiqué ; il doit être absolument respecté.	☐	☐

B – Ce qu'est un rapport.

/// 2. Vous rédigez un rapport. Dans quel ordre allez-vous procéder ? .../3

a. ce que vous proposez.

b. l'analyse de la situation actuelle (ce qui est positif, ce qui ne l'est pas).

c. l'état des lieux.

d. les conséquences de ce qui existe actuellement.

e. les moyens que vous demandez pour mettre en œuvre votre proposition.

....

C – Reconnaître certaines expressions très familières.

/// 3. Sauriez-vous traduire ces phrases en français standard ? .../3

a. C'est au resto-U que j'ai rencontré ma meuf = ...

b. Il est complètement ouf, celui-là ! = ...

c. Il y a des ripoux partout, vous savez ! = ...

d. Allez, laisse béton ! = ...

e. Il est un peu zarbi, ton copain ! = ...

f. Attention, voilà les keufs ! = ...

D – Reconnaître l'emploi stylistique des temps. …/4

/// 4. Donnez un équivalent des propositions soulignées.

a. Allez, courage, encore dix minutes et <u>on a fini le cours</u>. = ...

b. Tu es complètement fou ! Une seconde de plus et <u>tu te faisais écraser</u> ! = ...

c. À onze heures juste, les cloches <u>se mettaient à sonner</u> dans tout le pays. La paix était enfin signée. = ...

....

d. Napoléon <u>naît en 1769</u> en Corse, île devenue française l'année précédente. = ...

E – Utiliser correctement certains adverbes. …/4

/// 5. Cochez le sens correspondant aux quatre phrases suivantes.

a. J'étais à peine arrivé que j'ai dû repartir.

1. Je suis reparti très vite, juste après mon arrivée. ☐

2. J'ai eu beaucoup de peine pour arriver et je dois repartir. ☐

b. Sans doute avez-vous raison.

1. C'est sûr que vous avez raison. ☐

2. Vous avez peut-être raison. ☐

c. Je suis d'accord pour ce voyage. Encore faut-il que j'obtienne
l'autorisation de mes supérieurs.

1. J'ai demandé l'autorisation à mes supérieurs, ils sont d'accord. ☐

2. Je ne peux pas partir sans l'autorisation de mes supérieurs. ☐

d. Personne n'est arrivé au bureau, d'après lui.

1. Il dit qu'il n'y a personne au bureau. ☐

2. Il dit qu'il est arrivé avant les autres au bureau. ☐

F – Repérer et utiliser les formes impersonnelles. …/3

/// 6. Dans deux phrases, le verbe est absolument impersonnel. Lesquelles ? Cochez.

a. Il semble que ne soyons pas tout à fait d'accord. ☐

b. Il nous reste 20 euros dans la caisse. ☐

c. Il s'agit pour elle de quelque chose de très important. ☐

d. Il s'est présenté trois candidats pour ce poste. ☐

e. À cette heure-là, il tombait une neige épaisse. ☐

f. Il m'est arrivé une étrange aventure. ☐

Comptez vos points

De 15 à 20 : C'est très bien. En route pour la dernière unité.
De 10 à 15 : Courage, vous êtes sur la bonne voie. Repérez ce qui va moins bien. Relisez la page introductive pour bien revoir ce qu'est un essai, ce qu'est un rapport, ce qu'est un projet.
Moins de 10 : Refaites les exercices avec les corrigés.

//

COMMENT ÉLABORER UNE SYNTHÈSE ?

La synthèse est le fait de rassembler, de réunir des informations, des idées, des éléments...

• À faire
1. Il s'agit d'abord de comprendre la nature, la spécificité, les enjeux, l'intention, l'organisation, etc. de chacun des documents proposés.

Puis d'en tirer (pour chacun) l'idée ou les idées essentielles.

Conseil : pour chaque document, procédez paragraphe par paragraphe (résumez chacun en une courte phrase) puis faites un bref résumé de l'argumentation de l'ensemble du texte.

2. Ensuite, vous devez voir ce que ces textes ont de commun, de différent ou de complémentaire.

Conseil : le plus simple est de faire un tableau qui vous permettra de mieux visualiser les rapports qu'entretiennent les textes entre eux.

3. Reprendre ces éléments avec vos propres mots.

4. Élaborer ensuite (et c'est là le plus délicat, bien sûr!) un texte **unique**, **cohérent**, **construit** (avec une introduction, un « corps » et une conclusion), qui intègre les points essentiels de l'ensemble des documents.

Il s'agit d'un exercice difficile car il suppose que vous sachiez :

a. maîtriser les stratégies de lecture globale (repérer rapidement les éléments « paratextuels » du texte : son origine et son « type »; son organisation; ses idées essentielles; ses enjeux).
b. maîtriser les techniques du résumé.
c. établir des comparaisons, mettre des idées en relation (y compris lorsque ces relations sont implicites, sous-entendues, etc.).

Et bien sûr, rédiger !

• À ne pas faire
• Juxtaposer une succession d'analyses séparées.

• Donner votre avis personnel (ni dans l'introduction, ni dans le corps du texte ni dans la conclusion). Mais attention : parfois, on vous demandera de faire un commentaire en conclusion. En ce cas, on vous l'indiquera toujours clairement dans la consigne.

• Reprendre des phrases ou des segments de phrases entiers des textes. Si vous citez, faites-le avec modération et toujours en l'indiquant par des guillemets. Cette remarque vaut aussi pour les comptes rendus et les résumés.

LUTTER CONTRE LA DÉPRESSION SAISONNIÈRE

OBJECTIF FONCTIONNEL : Rédiger une synthèse (1).
LEXIQUE : Médecine, diagnostic et remèdes.
GRAMMAIRE : Le *ne* explétif (rappel).
FAITS DE LANGUE (1) : *Bien-être, mal-être, malaise...*
FAITS DE LANGUE (2) : Un faux ami : le verbe *supporter*.

1. Le Trouble Affectif Saisonnier (TAS)

Il s'agit, comme son nom l'indique, d'un état de « déprime », de blues, de cafard, qui revient à l'automne et qui touche près d'une personne sur quatre. Cette affection n'est pas très grave mais elle est difficile à supporter pour tous ceux qui souffrent de ce mal-être. Chaque année, à la même période, ils se sentent fatigués, sans énergie, ils ont envie de dormir, de ne rien faire. Pour compenser cet état dépressif, ce malaise, ils mangent davantage, donc grossissent, donc se sentent moins bien dans leur corps et donc dépriment encore plus... Par ailleurs, ils sont anxieux, irritables, ont des difficultés à se concentrer et à s'intéresser à ce qui les entoure.

Les personnes atteintes de cette baisse de régime sont nombreuses : on les estime à près d'un quart de la population. Pour certains (4 à 5 %), il s'agit d'une véritable maladie, qui affecte surtout les femmes et qu'il faut absolument traiter.

Royal College of Psychiatrics, avril 2013
http://www.rcpsych.ac.uk/healthadvice/translations/french/troubleaffectifsaisonnier.aspx

2. À quoi est dû le TAS ?

Les causes du TAS (« Trouble Affectif Saisonnier ») sont encore assez mal connues. Il semble cependant à peu près certain, au dire des psychiatres et des biologistes, que le manque de lumière en soit responsable. Comment ?

Le manque de lumière entraînerait, pendant le jour, une hausse de notre production de mélatonine, une hormone « somnifère » qui régule et notre humeur et notre horloge biologique et qui, normalement, n'est produite que pendant la nuit. C'est donc tout notre métabolisme qui serait ainsi perturbé.

/// **1.** Quelle est la fonction du premier texte ?

....
....

/// **2.** Quels sont, dans les deux textes, les mots qui ont le même sens *que « dépression saisonnière » ?*

....
....

/// **3.** *« Le manque de lumière entraînerait, pendant le jour, une hausse de notre production de mélatonine... »* Justifiez l'emploi de ce conditionnel.

....
....
....

3. Les appareils de luminothérapie sont très utilisés dans les pays nordiques, pour compenser le manque de lumière du jour en hiver qui détraque notre horloge biologique. Ces appareils ont fait leur apparition en France depuis quelques années. S'ils sont tous efficaces, il est important de choisir le meilleur et de bien l'utiliser.

Vous avez décidé de chasser la déprime et de faire le plein d'énergie cet hiver. Voici quelques conseils pour bien choisir et utiliser votre lampe de luminothérapie.

Quelle puissance pour une lampe de luminothérapie ? L'unité de mesure de l'intensité est le lux. Une belle journée d'été vous apporte 100 000 lux. Un éclairage standard à la maison émet de 50 à 100 lux. Il est donc impératif de vérifier le nombre de lux pour votre lampe de luminothérapie. Plus vous prenez un appareil puissant, moins de temps cela prendra pour recharger vos batteries.

Le meilleur moment pour un bénéfice optimal est le matin, si possible peu après le réveil. Une demi-heure d'exposition au petit déjeuner par exemple avec une lampe forte.

Sinon, vous pouvez vous exposer toute la matinée au bureau avec une lampe d'intensité moyenne.

Placez-vous face à la lampe, sans la regarder directement de manière continue : vous pouvez lire ou déjeuner pendant ce temps. La durée d'utilisation dépend de la puissance de celle-ci et de la distance à laquelle vous êtes. Les effets se font sentir généralement au bout de 4 à 5 jours. L'utilisation est à répéter chaque matin, dès le milieu de l'automne jusqu'à la fin de l'hiver, ou toute l'année si vous avez des horaires décalés ou un travail de nuit.

Alain Sousa – Doctissimo 16/11/2016

4. Soixante réflecteurs pilotés par ordinateur, destinés à réfléchir le soleil vers ses plus belles façades : tel est le somptueux cadeau que s'est offert Rattenberg pour sortir de l'obscurité dans laquelle sont plongés, quatre mois par an, ses 467 habitants. Située au cœur du Tyrol autrichien, cette petite bourgade du XIIᵉ siècle est dominée au sud par le Stadtberg : une montagne qui, du haut de ses 910 m, fait écran aux rayons rasants du soleil hivernal.

C'est le prix à payer, affirme le maire, pour sortir de la pénombre et de la mélancolie son petit village, qui a perdu au cours des dernières années 10 % de sa population.

Les « désordres affectifs saisonniers » dont souffrent les habitants de Rattenberg, eux, n'ont rien de fantaisiste. Bien connus des médecins, ils se caractérisent par une baisse d'énergie, accompagnée d'irritabilité, de troubles du sommeil et d'une tendance marquée à absorber des aliments sucrés. Chez la plupart d'entre nous, ces fluctuations de l'humeur restent bénignes et passagères, et il suffit de quelques jours de ciel bleu pour que le moral remonte malgré le froid. Mais pour d'autres, la réduction de l'ensoleillement et le raccourcissement des jours en fin d'automne provoquent des réactions s'apparentant à une véritable dépression clinique (grande fatigue, angoisse, augmentation anormale du temps de sommeil et de l'appétit), qu'il importe de prendre en compte et de traiter.

Les raisons de cette dépression saisonnière ? Si ses mécanismes précis restent à élucider, biologistes et psychiatres s'accordent, pour l'expliquer, à privilégier la piste de la lumière. On sait en effet que celle-ci a un effet resynchronisateur sur notre horloge interne, et que cette dernière, à son tour, gouverne les rythmes endogènes de multiples fonctions physiologiques (température, taux de glucose sanguin, sécrétions hormonales, etc.).

Catherine Vincent – *Le Monde* 06-01-2006

/// **4.** Dans les textes 2, 3 et 4 se trouve le terme « horloge biologique » ou « horloge interne ». Comment le comprenez-vous ?

....

/// **5.** Quel est l'objectif du document 3 ?

....

La dépression

Des noms

une maladie (ou : une affection) – un malade (ou : un patient) – un traitement (médical) – une dépression – un état dépressif – le mal-être (le bien-être) – le malaise – un symptôme – l'humeur (la bonne humeur/la mauvaise humeur)

Des verbes

déprimer – traiter (une maladie, un malade) – souffrir d'une maladie être détraqué (mal fonctionner, pas bien marcher) – perturber la population est touchée (= atteinte) – réguler – supporter

Des adjectifs

anxieux – irritable – nerveux – exaspéré – dépressif, déprimé bénéfique (maléfique) –bénin, bénigne

---

Des expressions

avoir le blues, le cafard, un coup de déprime (= avoir des idées noires, tristes) prendre le taureau par les cornes (= affronter une difficulté, un problème) une baisse de régime (= dans ce contexte, un état de fatigue passager)

/// **6.** *Un problème bénin, une maladie bénigne,* c'est un problème ou une maladie sans gravité. Cherchez dans le dictionnaire ou sur Internet quel est le contraire de cet adjectif. Dans quel contexte l'emploie-t-on le plus souvent ?

....

....

/// **7.** Le mot « *régime* » a plusieurs sens. Dans les phrases suivantes, quel sens a-t-il ?

a. Dès le milieu du XVIIIe siècle, certains philosophes avaient prédit la chute de l'ancien <u>régime</u>.

b. Sur le marché, il y avait des <u>régimes</u> de dattes et de bananes, des ananas, des figues...

c. Sous quel <u>régime</u> êtes-vous mariés ? La séparation des biens ou la communauté ?

d. Pendant les mois d'été, l'entreprise ne fonctionne pas à plein <u>régime</u>.

e. Depuis sa maladie des reins, il est au <u>régime</u> sans sel.

/// **8.** Attention à ne pas confondre « *humeur* » et « *humour* ». Complétez les phrases suivantes.

a. Il était furieux d'avoir attendu une heure à la poste. Quand son tour arriva enfin, il tendit ses papiers avec .... à l'employé.

b. Il arrive que, parfois, on se réveille d'un(e) .... de chien sans aucune raison.

c. Les Britanniques disent quelquefois que les Français manquent un peu d'................., qu'ils prennent les choses trop au sérieux.

/// **9.** « *Luminothérapie* », « *psychothérapie* », « *photothérapie* »... Quels autres mots terminés par -thérapie connaissez-vous ?

....

....

Faits de langue (1)

Attention *le bien-être/le mal-être* MAIS *le malaise* et PAS le *« bienaise »* (ce mot n'existe pas).

Faisons le point sur le « ne » explétif

*Pour éviter que la population **ne** sombre dans la dépression ou **n'**émigre ailleurs...*

On rencontre parfois la particule « ne » toute seule. **Attention !**

• Il peut s'agir d'une vraie négation, avec les verbes *savoir, pouvoir, oser* et *cesser*, par exemple :

Je n'ose lui dire la vérité. – Il n'a cessé de se plaindre à propos de tout.

En ce cas, on peut ajouter « pas » sans que le sens de la phrase change.

Je n'ose pas lui dire la vérité. – Il n'a pas cessé de se plaindre à propos de tout.

• Il peut s'agir du « ne » dit « explétif ». En ce cas, on peut supprimer le « ne » sans que le sens de la phrase change.

On remarquera cependant que dans les phrases où l'on utilise ce « ne » explétif, il existe toujours une idée de négation.

Dans quels cas employer ce « ne » explétif ?

a. Après certains verbes comme, par exemple : éviter que, empêcher que, avoir peur que, craindre que, redouter que...

Il faut absolument éviter qu'il ne fasse cette folie !

b. Après : avant que, à moins que, de peur que, de crainte que... Si tu veux le voir, arrive assez tôt, avant qu'il ne parte.

c. Avec un comparatif.

Dépêchons-nous ! Il est beaucoup plus tard que je ne le pensais !

Dans les deux cas (*ne* vraie négation ou *ne* explétif), le niveau de langue est soutenu. On rencontre cette forme surtout à l'écrit.

/// 10. Dans les phrases suivantes, le « ne » est-il négatif ou explétif ?

a. Il avait peur qu'elle ne découvre l'horrible vérité !

b. J'ai tout fait pour empêcher qu'elle ne vienne mais je n'y suis pas parvenu.

c. Nous vous remercions de votre candidature, fort intéressante au demeurant, mais actuellement, nous ne saurions donner suite à votre proposition.

d. Je n'ose imaginer ce qui aurait pu arriver !

/// 11. Expliquez la différence entre ces trois phrases.

a. Je ne peux vous donner raison.

b. Je ne peux guère vous donner raison.

c. Je ne peux que vous donner raison.

Rappel : ne confondez pas
- *tout ce qui, tout ce que...*
- *tous ceux qui, tous ceux que* (= tous les gens qui..., que...)

/// 12. Complétez avec *tout ce...* ou *tous ceux...* Justifiez votre choix à l'aide d'une phrase.

a. Tu as pu rencontrer . . . . que tu voulais voir ?

b. Il a toujours fait . . . . qu'il a voulu dans la vie.

c. Montre-moi . . . . que tu as acheté.

d. Nous invitons . . . . dont les places vont de 40 à 75 à se présenter porte numéro 13.

Faits de langue (2)

Attention au verbe *supporter*. **En français, il n'a pas le sens de** *soutenir* **mais celui de** *tolérer*, d'accepter avec courage, avec quelque difficulté.

– Tu réussis à supporter ce bruit ? Moi, je ne pourrais jamais supporter ça !

– Oui, j'y arrive mais difficilement !

Cependant, dans le langage sportif (ou, plus récemment, dans le domaine politique), on rencontre de plus en plus souvent le mot *un supporter* ou *un supporteur* dans le sens de *un partisan*.

/// 13. Relisez les deux textes de la page 96. Résumez chacun d'eux en deux phrases maximum.

a. ....
....
....
....

b. ....
....
....
....

/// 14. Le premier texte définit une pathologie, le TAS ; le second en présente les causes.
Comment pourrait-on intégrer, dans le premier texte, les informations apportées par le second ?
Proposez un seul texte.

....
....
....
....
....
....
....
....
....
....
....
....

/// 15. Les textes 3 et 4 ont à peu près le même objectif. Lequel ?

....
....
....

/// 16. Quels éléments déjà vus dans les trois premiers textes retrouve-t-on dans le texte 4 ?

....
....
....

/// 17. Quelle est la particularité de ce dernier texte ?

....
....
....

/// **18.** Relisez d'abord attentivement les conseils qui vous ont été donnés page 95, à propos de la réalisation d'une synthèse. Ensuite, en vous aidant du travail que vous avez réalisé à la page précédente, rédigez votre synthèse.

Attention, une synthèse doit être concise : ne dépassez pas 250 mots. Il existe, bien sûr, plusieurs plans possibles. En voici deux. Choisissez celui qui vous paraît le meilleur.

A. Introduction : l'automne arrive...

1. le TAS, définition, les symptômes
2. Ses causes
3. Les traitements possibles
4. Quand tout un village a le blues : Rattenberg

Conclusion : ne prenez pas les choses à la légère !

B. Introduction : Rattenberg : le maire prend le taureau par les cornes !

1. La lumière, l'un des meilleurs remèdes contre le TAS
2. Qu'est-ce que cette affection ?
3. Comment se manifeste-t-elle ?

Conclusion : surveillez-vous, l'automne approche !

À vous !

....
....
....
....
....
....
....
....
....
....
....
....
....
....
....

/// MANIÈRES DE DIRE

Dans la vie, d'abord on chante, puis on déchante...

Les faux contraires

Pour combattre leur déprime, faut-il leur accorder une prime ?

Le contraire de la cadence, est-ce la décadence ?

Arrêter de lire, est-ce du délire ?

Décamper, est-ce cesser de faire du camping ?

Plus tu dépenses et plus j'y pense !

LEÇON 14

ALSACIEN, BASQUE, BRETON, CORSE, FRANÇAIS, OCCITAN... ?

OBJECTIF FONCTIONNEL : Rédiger une synthèse (2).
LEXIQUE : Le bilinguisme, les langues régionales.
GRAMMAIRE : Expression de la condition, de la restriction.
FAITS DE LANGUE (1) : *Carte* et *charte*.
FAITS DE LANGUE (2) : Les suffixes *-al(e)/-el(le)*.

I - Français et langues régionales

1. L'ordonnance de Villers-Cotterêts

L'ordonnance de Villers-Cotterêts est un document signé dans cette ville en août 1539 par le roi de France, François Ier. C'est l'acte qui a institué le français comme langue exclusive des documents relatifs à la vie publique. Le français devient ainsi la langue officielle du droit et de l'administration.

Son article 111 énonce ceci : « *...nous voulons dorénavant que tous arrêts... toutes autres procédures, soit de nos cours souveraines et autres subalternes et inférieures, soit de registres, enquêtes, contrats, commissions, sentences, testaments, et autres quelconques actes et exploits de justice, ou qui en dépendent, soient prononcés, enregistrés et délivrés aux parties, en langage maternel et non autrement* » De cet article, il découle que tous les sujets du roi pourront comprendre les documents administratifs et judiciaires... sous réserve néanmoins qu'ils lisent et écrivent « le langage maternel », c'est-à-dire la « langue d'oïl » pratiquée dans le bassin parisien et sur les bords de la Loire.

2. La charte européenne des langues régionales

La Charte européenne des langues régionales ou minoritaires a été adoptée en 1992 par l'assemblée parlementaire du Conseil de l'Europe. Elle vise à protéger et à favoriser les langues historiques régionales et les langues des minorités en Europe (à l'exclusion de celles des immigrants non européens).

/// **1.** De quelle année date l'ordonnance de Villers-Cotterêts ?

....

/// **2.** L'ordonnance parle d'un « *langage maternel* ». De quelle langue s'agit-il ?

....

/// **3.** Cette langue est-elle pratiquée dans toute la France ?

....

/// **4.** De quelle année date la charte européenne des langues régionales ?

....

/// **5.** Quelles sont les recommandations de la Charte européenne des langues régionales ?

....

3. Les langues régionales et le Conseil constitutionnel

Le Conseil constitutionnel français a refusé de ratifier la Charte européenne des langues régionales au motif qu'elle comporte des clauses contraires à la Constitution ; elle obligerait, en effet, à reconnaître des groupes linguistiques auxquels il faudrait accorder des droits particuliers. En 2015, le Conseil d'État a rendu un avis défavorable à cette ratification et la même année le Sénat a refusé, à son tour, de signer la Charte. On voit bien la volonté d'un pouvoir politique de marquer la primauté d'une langue nationale, le français. Cependant, la révision constitutionnelle du 23 juillet 2008 a ajouté un article qui reconnaît la valeur patrimoniale des langues régionales.

II - État des lieux (dans quelques régions)

En France métropolitaine, les langues régionales sont globalement en déclin en raison du faible taux de transmission familiale. De plus l'enseignement de ces langues présente « une forte déperdition du nombre d'élèves » En effet, les parents craignent que cet enseignement spécifique ne finisse par constituer un handicap par rapport à ceux qui suivent une filière plus classique. Et pourtant, ces langues résistent grâce aux réseaux d'enseignement bilingue. Ainsi, en 2014, plus de 272 000 élèves de la maternelle à la terminale pouvaient apprendre l'une des treize langues ou groupes de langues régionales différentes même si on constate une baisse des effectifs scolaires dans certaines régions.

En Bretagne, aujourd'hui, 200.000 personnes parlent breton et 15.000 enfants « de tous milieux sociaux » sont scolarisés dans les écoles bilingues Diwan.

Dans les pays de langue d'oc, les locuteurs de l'occitan sont très probablement au nombre d'environ 110.000. En 2014-2015, plus de 60 000 élèves bénéficient d'un enseignement de langue et culture occitanes. En 2004, il y en avait 80 000.

Au Pays basque, en revanche, même si le nombre de bascophones recule, les effectifs ne cessent de s'accroître dans les écoles bilingues et les écoles par immersion ; on comptait 8 604 élèves, à la rentrée 2012 contre 6 617, en 2007. En Corse, c'est généralement par le biais de l'école que la langue se transmet : hors filières bilingues – qui se sont multipliées ces dernières années –, trois heures hebdomadaires d'enseignement spécifique sont proposées en primaire et en secondaire.

/// **6.** La France a-t-elle ratifié la charte européenne des langues régionales ? Expliquez.

....

/// **7.** Comment les langues régionales se transmettent-elles ? Qu'en pensez-vous ?

....

/// **8.** Au collège et ensuite au lycée, les élèves abandonnent souvent l'étude de la langue régionale. Pourquoi, à votre avis ?

....

Langue nationale, langues régionales

Des noms

le monolinguisme – le bilinguisme – le multilinguisme – le plurilinguisme – le pays – la région – la nation – la province – le territoire – le régionalisme – une charte – une convention – un traité – un article (de loi) – une clause

---

Des verbes

évoluer – instituer – ratifier

Des adjectifs

monolingue – bilingue – plurilingue – multilingue

/// 9. En vous aidant de votre dictionnaire, précisez la différence que vous faites entre :

a. le monolinguisme

b. le bilinguisme

c. le multilinguisme ou le plurilinguisme

/// 10. Dans le texte à la page 102, le mot « *ordonnance* » signifie : loi, constitution, décret. Quel autre sens pourriez-vous donner à ce mot ? Utilisez-le dans une courte phrase.

....

/// 11. Jouons avec les régions françaises ! Retrouvez la langue parlée dans la région. Exemple : Le breton se parle en Bretagne, le corse en Corse, le catalan en Catalogne. Que parle-t-on dans la région de...

a. Picardie ? ....

d. Provence ? ....

b. Auvergne ? ....

e. Bourgogne ? ....

c. Normandie ? ....

f. Alsace ? ....

/// 12. Reliez les termes aux définitions.

a. La province

1. En France, collectivité territoriale groupant plusieurs départements.

b. La région

2. Division administrative du territoire français placée sous l'autorité d'un commissaire de la République assisté d'un Conseil général.

c. Le département

3. En France, l'ensemble du pays (notamment les villes, les bourgs) à l'exclusion de la capitale.

/// 13. Le mot « *occitan* » qui caractérise la langue régionale parlée dans le sud de la France vient du mot : « *oc* » Que signifie ce mot et à quoi s'oppose-t-il ? (Aidez-vous d'un dictionnaire.)

....

Faits de langue (1)

Carte et *charte* viennent du même mot latin « carta » et chacun s'est spécialisé (sens concret, sens abstrait) :
Carte à jouer, carte géographique, carte de visite, les sens sont nombreux.
Charte : règles fondamentales d'une organisation officielle.
Il existe ainsi de nombreux doublets qui, dérivant d'un même mot latin, ont pris un sens particulier.

/// 14. Voici quelques exemples de doublets. Précisez le sens : *frêle/fragile – captif/chétif – livrer/libérer – entier/intègre – hôtel/hôpital – écouter/ausculter.*

1. Quelques conjonctions de la condition... :
à condition que... pourvu que...
... et de la restriction :
sous réserve que...
à moins que (ne) : avec cette conjonction, on trouve le « ne » explétif », facultatif, qui n'est pas une négation, mais qui renvoie malgré tout à la valeur négative de la conjonction et qui correspond à : *à condition que ne ... pas*
Toutes ces conjonctions sont suivies du subjonctif.
Le peuple français pourra comprendre les documents administratifs et judiciaires... **sous réserve** *néanmoins* **qu'il** *lise et* **écrire** *« le langage maternel », c'est-à-dire la « langue d'oïl ».*
Nous prendrons l'avion demain soir **à condition que** *le personnel navigant* **ait cessé** *la grève.*
Elle comprenait tout **pourvu qu'on** **prenne** *la peine de tout lui expliquer.*
Les députés veulent bien augmenter le salaire du président **à condition qu'il** **paie** *lui-même ses frais.*
La réunion aura lieu dans le jardin **à condition qu'il** **ne pleuve pas** OU **à moins qu'il** *(ne)* **pleuve**.

/// 15. Choisissez la conjonction qui vous semble convenir le mieux : *à condition que, pourvu que, sous réserve que, à moins que (ne)*.

a. Les syndicats cesseront la grève ....la direction leur accorde une hausse de salaire.

b. Le départ pour le Tibet aura lieu le 30 juin ....toutefois...........................on réunisse un nombre suffisant de voyageurs.

c. Le pays aura une nouvelle constitution ....le parlement ne la rejette.

d. Nous ferons la promenade en mer ....le mistral ne se lève pas.

2. Quelques locutions prépositives (rappel)
À la suite de...
En raison de... (cette locution appartient plutôt à la langue administrative)
À l'exclusion de...
Dans le cadre de...

/// 16. Remplacez l'expression soulignée par une locution prépositive en faisant les transformations nécessaires..

a. Plusieurs écoles bilingues risquent de fermer <u>parce que</u> leurs effectifs ont baissé.

b. Les résidents de l'immeuble recevront la visite d'enquêteurs <u>à l'occasion</u> d'un recensement de la population.

c. Tout le monde pourra bénéficier de ces avantages <u>sauf</u> les personnes qui payent l'impôt sur la fortune.

d. Il y a eu un éboulement <u>et ensuite</u> la route a été coupée.

Faits de langue (2)

Point d'orthographe grammaticale
Ne confondez pas le suffixe *-al(e)* et le suffixe *-el(le)*.
La langue d'une région est une langue régionale.
Une loi de la nation est une loi nationale.
Mais :
Le lait de la mère est le lait maternel.
Une loi qui vient de la nature est une loi naturelle.

/// **17.** Reprenez les deux textes de la page 102. Résumez chacun d'eux en deux phrases :

Texte 1

....
....
....
....

Texte 2

....
....
....
....

/// **18.** Y a-t-il contradiction, opposition entre ces deux textes ou voyez-vous un rapport de cause à effet ?

....
....
....
....
....
....

/// **19.** Le texte 3 vous semble-t-il apporter un élément nouveau dans la problématique ? Précisez.

....
....
....
....
....
....

/// **20.** Quelles sont les précisions données par le texte 4 ?

....
....
....
....
....
....
....

/// 21. Rédigez une synthèse à partir des trois opinions données ci-dessous.

Plan possible :
• Une introduction pour présenter la problématique.
• Deux parties pour opposer ou établir une relation entre les idées proposées.
• Une conclusion ouverte.

a. Enseigner la langue nationale et une langue régionale est facteur d'enrichissement. Le cerveau se développe principalement dans les premières années de l'existence. Plus il est sollicité et plus il se développe. Le bilinguisme est un moyen, parmi d'autres, de développer les capacités intellectuelles de l'enfant. Un psycholinguiste affirme : « Le cerveau de l'enfant est prédisposé à acquérir, par imitation et par reproduction active, toute langue parlée dans son entourage. Il apprend aussi aisément qu'il a appris sa langue maternelle, inconsciemment et quel que soit son quotient intellectuel. En un mot, tout enfant capable d'apprendre sa langue maternelle est capable d'en apprendre d'autres. »

Dans le bilinguisme, chacune des deux langues enrichit l'autre. Selon un linguiste, « Les langues ne sont jamais en concurrence. Plus on en apprend et plus cela facilite l'apprentissage de nouvelles langues […] L'apprentissage d'une langue ne nuit pas à l'apprentissage d'une autre langue. C'est tout le contraire. »

b. Des parents s'inquiètent. Le bilinguisme ne risque-t-il pas de provoquer chez l'enfant des troubles du langage qui entraîneraient peut-être des troubles du comportement ? Il est déjà bien difficile de faire acquérir à l'enfant les notions élémentaires d'une langue maternelle. Pourquoi s'embarrasser d'une langue régionale ? Il ne maîtrisera parfaitement ni l'une ni l'autre. De plus, certains parents trouvent les langues régionales peu harmonieuses. Ils ne leur reconnaissent pas la valeur esthétique et culturelle qu'ils accordent à la langue nationale.

c. Enfin, ne vaudrait-il pas mieux, plutôt que d'enseigner une langue régionale qui n'est parlée que par un petit nombre d'individus, enseigner deux ou trois langues européennes qui seraient beaucoup plus utiles dans un monde où les échanges internationaux se multiplient et où la concurrence commerciale, scientifique... pousse les uns et les autres à aller vers d'autres pays ?

/// MANIÈRES DE DIRE

Bonjour, au revoir et merci...
en France mais pas en français !

a. *guàtertag/merssi*

b. *egunon* (matin)/*arratsaldeon* (après-midi)/*gauon* (soir)/*Ikus arte* (au revoir)/*Eskerrik* (merci)

c. *demat* (bonjour)/*kenavo* (au revoir)/*trugarez* (merci)

d. *bonghjornu/salutu* (pour des personnes plus familières)/*a vedèci, avvedeci* (au revoir)/*grazie* (merci)

e. *bon jorn*/adieu/*merce* ou *merces*

LA FRANCE ET LE NUCLÉAIRE

OBJECTIFS FONCTIONNELS : Rédiger une synthèse (3).
LEXIQUE : Le domaine de l'énergie.
GRAMMAIRE : Participe présent, proposition participe, gérondif, adjectif verbal.
FAITS DE LANGUE (1) : La prononciation des mots terminés en -*um*.
FAITS DE LANGUE (2) : Les verbes terminés en -*éer*.

Prenez connaissance de ces deux textes puis répondez aux questions qui suivent.

A. Le traité EURATOM

Après la guerre, les six États signataires du traité CECA (Allemagne, Benelux, France et Italie) avaient comme préoccupation dominante l'approvisionnement en matières premières pour le développement industriel et la fourniture en énergie. La voie du nucléaire civil semblait alors être l'unique solution pour répondre aux besoins énergétiques croissants et pour garantir l'indépendance des États membres en ce domaine.

L'objectif du Traité Euratom, signé à Rome le 25 mars 1957, fut de mettre en commun les industries nucléaires, les connaissances et les compétences de ces États. Le traité prévoyait aussi une coopération dans l'approvisionnement en combustibles nucléaires et en uranium, par le biais d'une Agence créée à cet effet.

Les fondateurs d'Euratom avaient une autre préoccupation qui portait sur la sécurité nucléaire. Pour eux, il existait deux dangers principaux, le risque du détournement de l'énergie nucléaire civile à des fins militaires et l'accident nucléaire civil.

• Des normes de sécurité uniformes furent donc établies entre les États membres pour protéger les populations et les travailleurs du secteur du nucléaire civil contre les risques d'irradiation.

• D'autre part, pour prévenir tout détournement de matières nucléaires à des fins militaires, des inspecteurs furent chargés d'en contrôler l'usage et d'appliquer la réglementation en matière de sécurité.

B. EURATOM aujourd'hui

Le traité Euratom est devenu inadapté à la situation actuelle d'une Europe nucléarisée.

Le rêve d'un développement commun de l'énergie nucléaire en Europe ne s'est jamais réalisé, les intérêts nationaux l'emportant sur une éventuelle politique commune. Le cadre juridique d'Euratom ne parvient pas à harmoniser les diverses politiques nucléaires des États membres qui ont préféré faire cavalier seul. Par exemple, l'approvisionnement en combustibles devait à l'origine être assuré par la seule agence d'approvisionnement. La France n'a pas respecté cette décision, en créant Eurodiff qui assure à elle seule un tiers de la production mondiale de combustibles nucléaires.

Ceci étant, le traité Euratom reste efficace dans certains domaines, par exemple pour le contrôle de la non prolifération nucléaire en Europe ou pour les accords internationaux conclus par l'Union avec des États tiers (recherche, échange de matières, connaissances, etc.).

Le traité Euratom prévoit aussi un cadre de mesures sanitaires vis-à-vis des risques liés, par exemple, à la radioactivité, notamment au travers d'une harmonisation des normes.

/// **1.** À l'origine, quel était l'objectif d'EURATOM ?

....

/// **2.** En une phrase, donnez l'idée principale de chacun de ces deux textes.

a...

b...

Prenez maintenant connaissance des deux textes qui suivent et répondez aux questions.

C. Une France « nucléarisée »

Avec ses 58 réacteurs, 19 centrales et 1100 sites renfermant des déchets nucléaires, la France est le pays le plus nucléarisé au monde par rapport au nombre d'habitants.

Un peu d'histoire. La Deuxième Guerre mondiale a révélé au monde entier la puissance de l'énergie nucléaire. Désormais, il était clair que la bombe atomique serait l'arme absolue des superpuissances. Le Général de Gaulle comprend très vite que la France doit à tout prix l'acquérir. Il lance, dès 1945, la politique nucléaire française : le Commissariat à l'Énergie Atomique (CEA) est chargé de doter la France de l'arme atomique et de développer le nucléaire civil en tant que source d'énergie.

Mais c'est après le choc pétrolier de 1973 que le programme nucléaire français prend vraiment son essor. Le gouvernement réagit très vite à la menace de l'inflation du prix du pétrole, en investissant massivement dans le nucléaire civil, afin d'assurer l'indépendance énergétique française.

Aujourd'hui, en France, le nucléaire assure plus de 75 % de la production nationale d'électricité. Ce secteur d'activité est florissant et plus de 200 000 emplois en dépendent directement.

D. Le nucléaire et l'Europe à l'horizon 2025

L'Union européenne est la première puissance mondiale dans le domaine du nucléaire civil et la seconde dans le domaine du nucléaire militaire, ce qui pose bien des problèmes, tant nationaux que communautaires.

Au sein de l'Europe, en effet, la politique nucléaire civile varie selon les États membres. Pour une majorité d'entre eux, il faut sortir du nucléaire ou du moins stopper son utilisation en tant que ressource énergétique. Mais cette volonté politique, qui reflète une opinion publique sensibilisée aux thèses écologistes, se heurte aux réalités économiques.

Plusieurs États européens ont déjà tenté la sortie du nucléaire. Dès 1980, les Suédois l'ont décidée par référendum, cette sortie devant se faire de manière progressive pour parvenir en 2040 à un arrêt total de la production d'énergie nucléaire.

Plus tard, en Allemagne, les socialistes, alliés aux Verts, avaient fait des promesses en ce sens. La coalition arrivée au pouvoir par la suite s'est alignée sur ces positions en 2011 après Fukushima.

D'autre part, deux pays européens n'ont pas de programme nucléaire civil. L'Italie, qui a renoncé par référendum en 1987 à utiliser le nucléaire civil comme source d'énergie et le Portugal, où la question suscite encore des débats.

/// **3.** Quelle est l'information commune entre les textes A et C ?

/// **4.** En quoi ces textes (A et C) se différencient-ils ?

/// **5.** Répondez par VRAI, FAUX, ON NE SAIT PAS.

	VRAI	FAUX	ON NE SAIT PAS
a. Le Traité Euratom cherchait à empêcher tout glissement du nucléaire civil vers le nucléaire militaire.	☐	☐	☐
b. L'opinion publique française est massivement favorable au tout nucléaire.	☐	☐	☐
c. L'Europe est la première superpuissance dans le domaine du nucléaire.	☐	☐	☐
d. Le CEA est un organisme européen.	☐	☐	☐

La politique nucléaire

Des noms

l'énergie – les ressources énergétiques – les matières premières – l'uranium – le nucléaire – le combustible (charbon, pétrole, énergie nucléaire...)
la (non) prolifération nucléaire – un réacteur nucléaire – un site nucléaire – les déchets nucléaires – la radioactivité – les énergies renouvelables – le développement durable

---

Des verbes

s'approvisionner – détourner qqch – harmoniser – enfouir – prendre son essor

Des adjectifs

civil – militaire – toxique – nucléaire – nucléarisé – florissant

---

Des expressions

faire cavalier seul (= agir tout seul, de manière individualiste)
par le biais de... (= par l'intermédiaire de...)
à des fins... (= dans un but...) – en matière de... (= en ce qui concerne...)

/// 6. Dans la liste de vocabulaire ci-dessus, cherchez les mots de la même famille que « *agir* » ?

....

....

/// 7. D'où vient l'adjectif « *florissant* » ? Dans les phrases suivantes, quel synonyme proposeriez-vous ?

a. L'école structuraliste, <u>florissante</u> dans les années 50 et 60, a beaucoup perdu de son influence.
b. Il a toujours eu une santé <u>florissante</u> : jamais malade, jamais fatigué, toujours en pleine forme.
c. Il dirige une entreprise <u>florissante</u>.

/// 8. Quelle différence faites-vous entre « *nucléaire* » et « *nucléarisé* » ?

....

....

/// 9. Quelle est l'étymologie du mot « *nucléaire* » ? Cherchez dans votre dictionnaire puis expliquez-la en quelques mots.

....

....

/// 10. Vous avez rencontré dans le texte B l'expression « *faire cavalier seul* ». Mais que signifie : « *agir de manière cavalière* » ? Cherchez dans votre dictionnaire.

....

....

1. Rappel : l'opposition passé simple/imparfait

Dans le premier texte, nous trouvons plusieurs passés simples :

L'objectif du traité Euratom fut de mettre en commun... ; des normes de sécurité uniformes furent établies entre les États membres ; le traité Euratom voulut prévenir... ; des inspecteurs furent chargés d'en contrôler l'usage...

Il s'agit d'un récit : on énumère les différentes mesures prises à cette époque. Les imparfaits sont utilisés pour expliquer, commenter, justifier, décrire... bref, exposer les circonstances, l'arrière-plan.

2. La proposition participe

*Le rêve d'un développement commun de l'énergie nucléaire en Europe ne s'est jamais réalisé, les intérêts nationaux l'**emportant** sur une éventuelle politique commune.*

*Dès 1980, les Suédois l'ont décidée par référendum, cette sortie **devant** se faire de manière progressive.*

Cette structure exige qu'il y ait deux sujets différents : celui de la proposition principale (ici *le rêve* et *les Suédois*) et celui de la proposition participe (ici, *les intérêts* et *la sortie*).

Rappel : ne confondez pas le participe présent, forme verbale invariable, avec l'adjectif verbal qui, lui, se comporte comme un adjectif.

Une préoccupation dominante – un secteur d'activité florissant – des centrales nucléaires vieillissantes...

Rappel : attention à la différence entre participe présent et gérondif.

Le gérondif doit TOUJOURS avoir le même sujet que le verbe principal :

***En créant** Eurodiff, la France n'a pas respecté ses engagements.* (un même sujet)

Ce n'est pas toujours le cas pour le participe présent :

***Traversant** sans regarder, il faillit avoir un accident.* (un même sujet)

*Sans être vu, il observa son amie **flânant** parmi les promeneurs du dimanche.* (C'est lui qui observe et elle qui flâne.)

/// 11. Complétez avec le verbe qui convient. N'oubliez pas de le conjuguer si nécessaire : *prévoir – engager – ralentir – entrer en vigueur – souscrire – susciter – se tenir*

La COP 21 qui .... à Paris en décembre 2015 a permis de conclure un accord .... 195 États à réduire leurs émissions de gaz à effet de serre. Cet « accord de Paris » .... le 4 novembre 2016 et .... beaucoup d'espérance ! L'ambition finale de l'accord de Paris est que les efforts des États signataires, qui seront différents d'un pays à un autre, permettent de .... le réchauffement climatique dû aux activités humaines et d'abaisser la température de deux degrés.

La quasi-totalité des parties ont remis leurs engagements nationaux (INDC) aux Nations Unies. Il .... que ceux-ci soient révisés à la hausse tous les 5 ans après 2020.

Plus de 40 000 personnes (négociateurs mais aussi entreprises, ONG, journalistes et autres acteurs de la société civile) ont participé à la COP21 au Bourget.

Les États-Unis qui .... à cet accord à l'époque de Barak Obama font machine arrière. Et pourtant, ils sont avec la Chine les «super pollueurs» de la planète.

/// 12. Distinguez participes présents et adjectifs verbaux. Accordez si nécessaire les adjectifs verbaux.

a. Les travaux de cet anthropologue (concernant) .... les rites de passage sont extrêmement (intéressant) ....

b. Les anecdotes du professeur, (amusant) .... les élèves, rendaient son cours moins difficile.

c. Elle restait là, (regardant) .... le paysage, sans se soucier du froid.

d. Attention au verglas, la route est (glissant) .... ce soir.

e. (Méprisant) .... tous les usages, elle avait une réputation d'originale.

Faits de langue (2)

Attention à l'orthographe des verbes terminés en -éer (par exemple : *créer, agréer...*)

→ *Je crée, ils créent /Avant, je créais, nous créions...*

→ et au passif : *il a été créé, elle a été créée.*

/// **13.** Faites une synthèse des quatre premiers textes. Voici une proposition de plan (vous pouvez en imaginer un autre). Pour l'instant, ne rédigez ni l'introduction ni la conclusion.

1. La situation de l'Europe en 1945
a. Nécessité de se doter du nucléaire civil et militaire
b. Le Traité EURATOM

2. Réussites et échecs de la politique nucléaire commune en Europe
a. Les réussites dans certains domaines
b. Les échecs (un exemple : la France fait cavalier seul)

3. La situation actuelle : une Europe divisée sur la question du nucléaire

/// **14.** Prenez maintenant connaissance des deux textes qui suivent : ils présentent des arguments pour ou contre le nucléaire. Vous allez devoir les incorporer à votre synthèse.

• Relisez la synthèse que vous venez de rédiger pour voir où vous pourriez « greffer » ces nouvelles informations.

• Proposez une introduction présentant la problématique : *peut-on envisager de sortir du nucléaire ?*

• Rédigez pour finir une conclusion.

SORTIR DU NUCLÉAIRE

Les arguments en faveur de la sortie du nucléaire sont nombreux. Le premier concerne évidemment les risques d'accident : les catastrophes de Tchernobyl puis de Fukushima sont encore dans tous les esprits et l'on sait que dans les pays de l'Est, et même en France, certaines centrales, vieillissantes, présentent un réel danger. Mais quel est le pays, aussi développé soit-il, qui pourrait se dire à l'abri d'un tel désastre ? Aucun ! Par ailleurs, le nucléaire civil émet des déchets radioactifs très polluants, dont la toxicité se fera sentir pendant des milliers d'années. La seule solution est l'enfouissement des déchets. Mais qui peut savoir ce qu'il adviendra de ces déchets dans quelques siècles ? De plus, le nucléaire civil est coûteux, même si les subventions publiques cachent aux yeux du public l'énormité des sommes engagées qui auraient pu être investies dans la recherche pour le développement durable.

Une autre question se pose : le développement du nucléaire civil incite très souvent les États à développer en parallèle un programme nucléaire militaire. Comment éviter ce glissement vers l'usage militaire du nucléaire ? Et enfin, prétendre que le « tout nucléaire » assure notre indépendance énergétique, n'est-ce pas un leurre* puisque, aucun de nos pays développés ne produisant d'uranium, nous dépendons étroitement des pays producteurs ?

* **un leurre** = une illusion.

LES ARGUMENTS EN FAVEUR DU NUCLÉAIRE

– Le nucléaire aide au développement de l'économie : grâce à lui, la France en produit aujourd'hui autant qu'elle en consomme.

– Une centrale nucléaire produit plus d'énergie qu'une centrale thermique classique, une tonne de charbon produisant autant d'énergie qu'un gramme d'uranium, et occupe beaucoup moins de place. Et elle coûte globalement beaucoup moins cher.

– Les ressources naturelles de la planète (gaz, charbon, pétrole notamment) étant de plus en plus rare, le nucléaire permet d'économiser ces ressources.

– L'énergie nucléaire est la plus saine et la moins dangereuse pour l'environnement : les barrages (centrales hydrauliques) provoquent des modifications de l'environnement, entraînant des inondations, des glissements de terrain... Contrairement aux centrales thermiques classiques, les centrales nucléaires ne rejettent pas de CO_2. Leur utilisation permet donc de lutter contre l'effet de serre qui présente des dangers à court terme.

– Le nucléaire présente un atout pour l'emploi en France (plus de 200 000 salariés).

– Le nucléaire contribue au maintien d'un haut niveau scientifique sur le territoire national.

La java des bombes atomiques (Boris Vian, 1955)

Mon oncle, un fameux bricoleur, faisait en amateur des bombes atomiques

Sans avoir jamais rien appris, c'était un vrai génie question travaux pratiques

Il s'enfermait toute la journée au fond de son atelier pour faire ses expériences

Et le soir il rentrait chez nous et nous mettait en transes en nous racontant ça

Pour fabriquer une bombe A, mes enfants, croyez-moi, c'est vraiment de la tarte !

La question du détonateur se résout en un quart d'heure, c'est de celles qu'on écarte

En ce qui concerne la bombe H, c'est pas beaucoup plus vache mais une chose me tourmente

C'est que celles de ma fabrication n'ont qu'un rayon d'action de trois mètres cinquante

Il y a quelque chose qui cloche là-dedans : j'y retourne immédiatement

Sachant proche le résultat, tous les grands chefs d'État lui ont rendu visite

Il les reçut et s'excusa de ce que sa cagna était aussi petite

Mais sitôt qu'ils sont tous entrés, il les a enfermés en disant : Soyez sages !

Et quand la bombe a explosé, de tous ces personnages, il n'en est rien resté

(À écouter sur YouTube)

Les doublets

Ils correspondent à deux mots de même origine dont l'un a suivi une évolution phonétique normale (mot populaire) alors que l'autre a été emprunté directement au latin (mot savant).

aigre = acide, piquant/**âcre** = irritant, qui brûle.

entier = complet, total/**intègre** = entier au sens figuré, honnête.

grêle = fin, mince, filiforme/**gracile** = mince et délicat

loyal = fidèle, honnête, dévoué/**légal** = qui est conforme à la loi.

mâcher = écraser avec les dents/**mastiquer** = mâcher longuement

œuvrer = travailler, agir/**opérer** = pratiquer, pratiquer une opération chirurgicale**.**

poison = substance dangereuse pour l'organisme/**potion (magique)** = remède miracle

raide = qui manque de souplesse/**rigide** = austère, dur, grave, qui refuse les compromis**.**

sembler = paraître /**simuler** = faire semblant, feindre

utile = indispensable, nécessaire/**outil** (m)= objet qui sert à faire un travail.

Les paronymes

Ils correspondent à deux mots proches par le son ou par l'orthographe, mais éloignés par le sens.

a. Parfois ils sont construits sur le même radical comme :

amener = mener quelqu'un auprès de quelqu'un ou vers un autre lieu/**emmener** = mener avec soi d'un lieu vers un autre , prendre avec soi en partant ;

apporter = porter quelque chose dans le lieu où se trouve quelqu'un et le lui donner/**emporter** = prendre quelque chose avec soi quand on s'en va

astronomie (f) = étude des astres, de l'univers/**astrologie** (f)= étude de l'influence des astres sur le caractère et l'avenir des personnes ;

avènement = arrivée au pouvoir.../**événement** = fait d'une certaine importance

gradation (f) = progression, augmentation/**graduation** (f) = division en degrés d'égale longueur.

isolement (m) = état d'une chose, d'une personne éloignée , écartée ..../**isolation** (f) = action de protéger une pièce contre le froid ou contre la chaleur.

Partiel (le) = qui ne concerne qu'un élément, qu'une partie d'un ensemble/**partial(e)** = qui prend parti, qui s'engage pour ou contre quelqu'un ou quelque chose de manière peut-être injuste.

b. Parfois ils sont construits sur deux radicaux complètement différents comme :

allocation = somme attribuée pour faire face à un besoin/**allocution** = discours bref

allusion (f)= sous-entendu, insinuation/**illusion** (f) = erreur de perception, vision

inculper = attribuer officiellement un crime, une faute à quelqu'un, accuser/**inculquer** = faire entrer dans l'esprit de quelqu'un, enseigner **;**

esquisser = représenter, tracer, décrire sans aller au fond, indiquer,/**esquiver** = éviter, échapper ;

infecter = contaminer /**infester** = se trouver en grand nombre, abonder....

prodige (m) = événement à caractère magique, miraculeux/**prodigue** = qui dépense trop, qui donne beaucoup.

proscrire = exiler, exclure, rejeter/**prescrire** = recommander expressément.

Bilan autocorrectif

//

Maintenant vous savez...

A – Ce qu'est une synthèse.

/// **1.** Répondez par VRAI ou FAUX. .../3

	Vrai	Faux
a. Dans une synthèse, il ne faut pas recopier des phrases ou des paragraphes de l'un des documents.	☐	☐
b. Vous pouvez exprimer votre avis personnel, mais seulement dans l'introduction.	☐	☐
c. Si vous citez une phrase du texte, vous devez la mettre entre guillemets.	☐	☐
d. Il n'y a jamais de conclusion dans une synthèse.	☐	☐
e. On doit produire un seul texte construit.	☐	☐
f. Le nombre de mots à produire dans une synthèse n'est pas toujours précisé.	☐	☐

B – Utiliser correctement un lexique spécialisé.

/// **2.** Complétez avec les mots suivants : *pays, région, département, province, territoire*. .../4

a. En France, il y a 13 . . . . et une centaine de . . . .

b. La Martinique et la Guadeloupe sont des . . . . d'outre-mer, la Nouvelle-Calédonie est un . . . . d'outre-mer.

c. Balzac a écrit des scènes de la vie parisienne et des scènes de la vie de . . . .

d. Dans l'Union européenne, il y a actuellement 27 . . . . membres.

C – Distinguer des paronymes (des mots qui se ressemblent).

/// **3.** Entourez le terme qui convient au contexte. .../3

a. Il est très lunatique. Son *humeur/humour* peut changer d'une minute à l'autre.

b. Le médecin lui a *prescrit/proscrit* de marcher au moins une heure par jour.

c. Certains Français ont eu des difficultés à *adopter/adapter* leur comportement à la nouvelle loi sur le tabac.

d. Fais bien attention, le poisson est délicieux mais il est plein *d'arrêts/d'arêtes*.

e. En trois mois, on ne peut pas dire que la situation ait beaucoup *évolué/évalué*.

f. Le trésor était *enfui/enfoui* exactement en plein milieu de l'île déserte.

D – Repérer si le « ne » tout seul est une vraie négation ou s'il est explétif.

/// 4. Dans les phrases suivantes, peut-on supprimer le « ne » sans changer le sens de la phrase ? .../6

a. On ne sait exactement ce qui a pu se produire.

b. Cette maladie est beaucoup plus fréquente qu'on ne le pense généralement.

c. Pour éviter que les langues régionales ne se perdent, inscrivez vos enfants dans des écoles bilingues.

d. Il faut absolument revoir toute la politique nucléaire avant qu'il ne soit trop tard.

e. On ne cesse de se plaindre du niveau de connaissances des langues étrangères en France mais fait-on le nécessaire pour remédier à ce handicap ?

f. Un coup de blues au début de l'hiver ? Pour empêcher que cela ne s'aggrave, avez-vous pensé aux vertus de la luminothérapie ?

E – Utiliser le passé simple quand il est nécessaire.

/// 5. Dans les phrases suivantes, entourez le temps qui convient le mieux. .../4

a. Battu à Waterloo, Napoléon *a été fait/fut fait* prisonnier et il *a fini/finit* ses jours dans l'île de Sainte-Hélène.

b. Hier, mes voisins *se sont disputés/se disputèrent* une partie de la nuit. Je *n'ai pas pu/ne pus* pas fermer l'œil avant quatre heures du matin.

Comptez vos points

DE 13 À 20 : C'est vraiment très bien. Si vous avez 15 ou plus, vous êtes un(e) vrai(e) champion(ne).

PLUS DE 10 : Pas mal, pas mal... Si c'est le dernier exercice qui vous a posé problème, ne vous inquiétez pas, il était vraiment difficile. Regardez la correction.

MOINS DE 10 : Regardez depuis l'unité 3, ce qui vous a fait hésiter. Et refaites les exercices que vous n'avez pas réussis.

GRAND BILAN FINAL

///

/// 1. Reliez. ...../6

1. Une large majorité a refusé la proposition.   **a.** 58%
2. C'est une élection gagnée sur le fil !   **b.** 23%
3. Un bon tiers des Français s'est abstenu.   **c.** 80%
4. Presque un quart de la population a voté blanc ou nul.   **d.** 35%
5. Quatre électeurs sur cinq ont voté pour.   **e.** 69%
6. Un peu plus des deux tiers des électeurs se sont déplacés dimanche. **f.** 50,09%

/// 2. Complétez chaque phrase avec un préfixe exprimant une idée de négation : *contre – des – il – in – mal – non.* ...../6

a. Ils ont signé un pacte de . . . . agression en 1949.

b. C'est un geste très . . . . élégant ! Normal, c'est la personne la plus vulgaire que je connaisse !

c. Elle a fait trois cures de . . . . intoxication mais elle recommence toujours à boire !

d. Vous savez qu'en agissant ainsi vous êtes dans l'. . . . . légalité. Vous risquez une amende.

e. J'aime bien cette actrice mais là, dans ce film, elle joue à . . . . emploi et c'est raté !

f. La . . . . chance le poursuit : il a perdu son travail, sa femme l'a quitté et il vient de se casser la jambe.

/// 3. Remplacez le verbe en gras par son synonyme : *admettre – regretter – approuver – défendre – permettre – démentir.* ...../6

a. Nous **déplorons** la baisse des crédits alloués cette année au centre de recherches.

b. Finalement, ce choix a été **ratifié** par l'ensemble des participants.

c. Il n'a jamais voulu **reconnaître** sa culpabilité.

d. Je **soutiens** à 100% les positions de ce candidat.

e. Il a fermement **réfuté** toutes les accusations dont il est l'objet.

f. Les visites sont **autorisées** entre 16h et 18h.

/// 4. Complétez avec le mot anaphorique qui convient le mieux. ...../6

a. Le 29 mai 1985, lors d'un match de foot opposant la Juventus à l'équipe de Liverpool au stade du Heysel, la violence se déchaîne. On déplore 39 morts et des dizaines de blessés. Personne n'a oublié

. . . .

b. On peut parler d'un véritable miracle ! Edouard, trois ans, est tombé du quatrième étage de son immeuble. Après un(e) tel(le) . . . ., on aurait pu craindre le pire. Non ! L'enfant s'est relevé, parfaitement indemne.

c. La Palme d'Or a été attribuée à un film suédois, *Le Square*. Même si les critiques ont été dans l'ensemble plutôt bonnes, ... a suscité quelques réserves.

d. Contre toute attente, c'est un jeune homme presque inconnu il y a deux ans qui a été élu. Plus surprenant, il s'agit d'un(e) . . . . très large, indiscutable.

e. La violence des attaques de cet homme politique contre son adversaire a suscité un(e) . . . . quasi unanime.

f. On ne l'espérait plus ! Le chômage en France a enfin diminué. Il s'agit d'un(e) . . . . non négligeable puisqu'il/elle atteint 1,5 % sur l'année.

/// 5. Indicatif ou subjonctif ? Entourez la bonne réponse. .../5

a. Je rêve d'un monde qui est/soit plus policé, plus calme, plus fraternel.

b. Nous espérons tous que vous reviendrez/reveniez en France très prochainement.

c. Il devait bien être coupable puisqu'on l'a/ait condamné.

d. Elle a échoué à tous les concours bien qu'elle a/ait travaillé d'arrache-pied depuis des mois !

e. Elle a échoué à tous ses concours si bien qu'elle est/soit obligée de redoubler sa classe préparatoire.

/// 6. Dans quelle phrase peut-on supprimer le « ne » sans changer le sens de la phrase ? .../5

a. Je pense qu'il est malade, il n'a cessé de pleurer depuis ce matin.

b. On ne sait comment de telles choses peuvent arriver et pourtant, les faits sont là !

c. On peut se voir mardi vers midi à moins que tu ne préfères un peu plus tard.

d. Je ne peux vous répondre, c'est une question de déontologie.

e. Vite, rentrons avant qu'il ne pleuve.

/// 7. Remplacez l'expression soulignée par une locution prépositionnelle. .../6
Modifiez la phrase si nécessaire : *compte tenu de – en raison de – à l'exception de – en dépit de – pour cause de – faute de*

a. Le tarif est de 15 euros, <u>sauf</u> pour les enfants de moins de 3 ans qui ne paient pas.

b. Le trafic est interrompu sur la ligne 6 <u>car un paquet suspect a été découvert</u>.

c. Le magasin sera fermé du 12 au 14 février <u>car on y fera des travaux</u>.

d. Il n'a pu terminer ce projet <u>car il a manqué de temps</u>.

e. <u>Vous avez été absent à de nombreuses reprises ce mois-ci</u>. Vous êtes licencié.

f. <u>Il n'a cessé de protester de son innocence</u> mais le jury l'a condamné.

Sous-total : .../40

Et pour finir.... plus difficile. En quoi les phrases suivantes sont-elles incorrectes ? Attention, les problèmes sont très divers (lexique, grammaire...). .../20

a. Je pars en voyage ensemble avec mon frère Adrien.

b. Nous devons nous retrouver à quatorze heures et demie à l'aéroport.

c. C'était un bel enfant d'une treizaine d'années.

d. Une voiture l'a renversé en traversant sans regarder.

e. J'aborderai d'abord la situation, et ensuite ses causes. Dans une troisième partie, j'examinerai les solutions proposées jusqu'ici. Et dernièrement, je ferai quelques suggestions personnelles.

f. On m'a dit qu'il était professeur du théâtre à l'université.

g. À cette époque, il avait exactement une quarantaine d'années.

h. C'est de ce projet dont il aimerait te parler.

i. Vous n'êtes pas sans ignorer, je pense, que vous êtes en infraction. Il est interdit de se garer ici, votre voiture est juste sous le panneau d'interdiction.

j. J'aimerais trouver un travail pas trop prenant qui me permet de terminer le roman que j'écris.

Total général .../60

Comptez vos points

Regardez les corrigés et notez-vous.

Si vous avez :

PLUS DE 50 : Vous êtes vraiment excellent(e) !

PLUS DE 40 : Bravo, c'est très bien !

PLUS DE 30 : Bravo !

ENTRE 20 ET 30 : Courage, un petit effort, vous y êtes presque !

UNITÉ 1 ///////////////////////////////////////

LEÇON 1

Page 9

1. a. Faux – **b.** Vrai – **c.** On ne sait pas – **d.** On ne sait pas – **e.** Vrai.

2. a. J'étais inquiète. – **b.** Se rendre en voiture en un lieu peu éloigné. – **c.** Se fâcher, se mettre en colère. – **d.** Provoquer des incidents.

3. *Par exemple* : – Qu'est-ce qui s'est passé avec ma mère ? Elle a des bleus partout !
– Ah oui, avant-hier, elle est tombée de son lit et...
– Et vous n'avez rien fait ? Personne n'a vérifié si elle n'avait rien de cassé ?
– Mais si, on lui a passé du Synthol tout de suite.
– C'est quand même bizarre qu'une simple chute...
– Dites donc, traitez-moi de menteuse pendant que vous y êtes !

4. a. atténuer – **b.** occasionner – **c.** faute de quoi.

5. – *On n'a rien fait pour la soulager ?* → *Si, on lui a passé du Synthol.* = réponse affirmative à une question négative.

Page 10

6. *Par exemple* : **a.** Chaque année, il se retire dans un lieu isolé pour prier. – **b.** Quand pensez-vous arrêter de travailler ? – **c.** Quand il a quitté le champ de bataille après sa défaite en Russie, en 1812, Napoléon a perdu des milliers de soldats. (battre en retraite = quitter le champ de bataille après une défaite) – **d.** L'ours avait trouvé un havre/une cachette sûre, en plein milieu des bois.

7. a. aidé – **b.** obstinée – **c.** les coudes appuyés sur... – **d.** serrés l'un contre l'autre/dans les bras l'un de l'autre.

Page 11

8. Vigoureux = b, e, f – Mesurés = a, c, d.

9. *Par exemple* : **Ce jour-là**, j'ai constaté qu'elle avait des hématomes un peu partout sur le corps. Comme elle ne voulait rien dire, je suis allée voir l'infirmière-chef qui m'a dit que, **l'avant-veille**, elle avait fait une chute mais qu'on l'avait soignée aussitôt. **Le mercredi suivant**, j'y suis retournée vers midi : ma mère n'était ni levée ni lavée. L'infirmier de garde ce jour-là, a prétendu que toutes les personnes âgées, ma mère y compris, étaient paranoïaques.
Le 30 juillet dernier, j'ai envoyé une lettre de protestation au directeur de cette maison de retraite, lettre restée sans réponse jusqu'à maintenant...

Page 12

10. *Par exemple* : Tout d'abord, je voudrais signaler que, contrairement aux allégations de Mme Bertin, dont chacun connaît le goût pour la chicane, tout a été fait pour soulager sa mère immédiatement. Nous lui avons proposé de faire des radios, ce qu'elle a refusé, disant qu'elle se sentait bien. Quant au vendredi, il est vrai que ce jour-là, par manque d'effectifs, le service est un peu retardé mais, en tout état de cause, toilettes et ménage sont toujours faits avant 13 h.

Page 13

11. *Par exemple* : (Consignes formulées à l'impératif) Traitez toujours les résidents avec le plus grand respect. – Frappez toujours avant d'entrer dans les chambres. – Laissez les dames libres de décider de la manière dont elles veulent se coiffer ou s'habiller.

(Formulées à l'impératif négatif) : Ne traitez pas les personnes âgées comme des enfants. – Ne les tutoyez pas. – Ne les obligez jamais à manger si elles n'ont pas faim, à sortir si elles n'en ont pas envie. – Ne prenez pas leurs plaintes à la légère.

Manières de dire :

a. Tu parles trop et trop fort !/Tu es mal placé pour me critiquer ! – **b.** Elle m'a ennuyée avec ses bavardages ! – **c.** ....de ne rien faire/m'aider - **d.** avec désinvolture, de manière désinvolte.

LEÇON 2

Page 15

1. Non : « Bien que ce ne soit guère l'usage et que je n'y sois nullement tenu (obligé)... »

2. Gênée, handicapée parce que vous étiez malade.

3. Ce n'est pas la règle pour les partiels : l'étudiante doit aller au rattrapage.

4. Travail peu construit, superficiel, mal argumenté, redondant, des erreurs grossières dans les citations, une bibliographie mal présentée, une conclusion trop « close ».

5. a. je conçois – **b.** bienveillant – **c.** avoir lieu.

6. Absolument, complètement.

Page 16

7. a. l'ensemble des travailleurs – **b.** l'entrée dans un repas – **c.** une œuvre remarquable, exceptionnelle.

8. a. Il n'a rien écrit/c'est un plagiat. – **b.** Vous avez remarqué.../Il évalue. – **c.** achats/court texte pour une revue, un journal.

Page 17

9. a. opposition – **b.** concession – **c.** concession.

10. Ce n'est guère l'usage et cependant... – **b.** Ce n'est guère l'usage, je veux bien vous donner quelques explications quand même. – **c.** Même si ce n'est guère l'usage, je veux bien...

11. *Par exemple* : Vous êtes tenu(e) de vous présenter au partiel de philologie française qui aura lieu le 26/01/2018 en salle B 322, à 8 heures.

Page 18

12. *Par exemple* : J'ai l'honneur de solliciter de votre bienveillance l'autorisation de refaire mon partiel. En effet, je suis malade depuis quinze jours. Vous avez sans doute constaté que, le jour du partiel, je n'étais pas bien du tout, ce qui m'a fortement pénalisée. D'autre part, la note que vous m'avez donnée ne correspond pas aux résultats que j'ai obtenus pour le dossier que j'ai fait avec Laurène D. et Bruno T. D'ailleurs, je m'étonne qu'ils aient eu lors du partiel une note bien meilleure que la mienne, étant donné que nous avons travaillé ensemble tout le semestre et que nous avons révisé pour l'examen ensemble également...

Page 19

13. *Par exemple* : Ma chère Élise, merci pour ton message mais je ne pourrai pas travailler avec toi ce semestre. Comme je te l'ai peut-être dit, à partir de février, je vais avoir un emploi du temps un peu compliqué : tous mes week-ends sont pris, ainsi que certaines soirées. Je suis donc obligé(e) de travailler seul(e) pour ce dossier. Crois bien que je le regrette. Amicalement XX.

Manières de dire : Je n'ai pas hésité - J'ai affronté en face la situation et j'ai répondu tout de suite directement - Je l'ai bien regretté - je lui garde rancune - elle énerve et exaspère tout le monde !

Page 21

1. Faits divers locaux, politique, sport, faits divers « people », correction orthographique et grammaticale.

2. a. Ils protestent contre tout. – **b.** Nous sommes opposés à...

3. a. Un réceptionniste = il reçoit les lettres des lecteurs. ; un intermédiaire = Il les transmet à la direction de son journal. ; un juge de paix = Il arbitre des opinions contraires. – **b.** Oui.

4. Non, une faute d'orthographe ou une erreur de date n'ont rien à voir avec une simple « coquille ».

Page 22

5. Rendre compte de quelque chose à quelqu'un = informer, rapporter./Se rendre compte de quelque chose = constater.

6. un compte rendu.

7. La presse à scandales qui s'occupe uniquement des gens célèbres.

8. fait divers, une, presse, scoop, agences.

9. médire

10. nous ont reproché d'avoir apporté notre appui...– se sont étonnés de l'appui... – sont choqués de l'appui... – ont jugé sévèrement l'appui...

11. a. les feuilles de papier d'un livre – **b.** vos documents d'identité – **c.** un article – **d.** un petit morceau de papier.

Faits de langue (1) : quant à, il se résout, un appartement.

Page 23

12. a. ...bien que nous ne l'ayons pas invité – **b.** Que tout homme puisse... j'en suis persuadé. – **c.** Il faut qu'il soit coupable pour qu'on l'ait condamné. – **d.** Qu'il fasse beau ou mauvais, le mariage... – **e.** ...sans qu'on le lui ait permis.

13. ils, certains, d'autres, abonnés, censeurs, on.

Page 24

14. *Par exemple* : Abonné à votre journal depuis quinze ans, j'ai toujours approuvé vos prises de position et rendu hommage au sérieux et à la pertinence de vos analyses. Mais quelle mouche vous a piqué depuis quelques semaines ? Je voudrais en particulier vous faire part de ma complète désapprobation en ce qui concerne l'article que M.H., dans le numéro du 10 avril, a consacré aux problèmes conjugaux du ministre de la justice. Pour un journal qui se prétend sérieux, il est plus que surprenant de voir traiter des sujets aussi oiseux. Désirez-vous donc faire concurrence à la presse à sensation ? Si c'est ainsi que vous pensez accroître votre audience, je peux vous assurer que vous vous trompez lourdement.

Page 25

Par exemple : Cette semaine, nos lecteurs font le grand écart et passent du coq à l'âne : de l'Europe à la pollution parisienne, de la construction européenne à l'interdiction faite aux automobilistes d'emprunter les voies sur berges à Paris ; sur ces deux sujets bien différents, les lecteurs s'affrontent et interpellent notre journal.

Les uns se félicitent de voir naître une Europe, espoir des plus démunis et de la jeunesse, les autres se lamentent et manifestent une défiance à l'égard de l'Europe.

Un lecteur prend à parti notre journal en prétendant que, sur cette question, nous manquons d'objectivité et que nous sommes les « porte-voix des partis majoritaires ». Accusation sans fondement. On lui rétorquera que nos journalistes ont leur propre opinion qu'ils expriment sans détours et en toute liberté sans se référer à quelque parti que ce soit.

En ce qui concerne l'interdiction des voies sur berges aux automobilistes, notre journal semble être à l'abri des critiques,

celles-ci s'adressant principalement à la Mairie : on attribue à cette décision les embouteillages importants qui empoisonnent la vie des Parisiens ; un lecteur note également la saleté qui envahit la capitale ; mais, par ailleurs, quelques lecteurs sont plutôt satisfaits de ces limitations faites à l'automobile.

BILAN AUTOCORRECTIF

Page 27

1. a-3/b-6/c-5/d-2/e-1/f-4 .

2. d-a-b-c

3. c

Page 28

4. a. planter – **b.** la résignation.

5. a. prenne – **b.** ont eu – **c.** refassiez – **d.** a changé – **e.** aie écrit.

6. Elle m'a expliqué qu'elle n'était à Paris que pour deux jours, ce jour-là et le lendemain parce que, le surlendemain, elle devait aller à Zurich voir son oncle. En effet, sa mère, la veille au soir, quand elle l'avait quittée à Bangkok, lui avait fait promettre d'y aller ; c'était son frère préféré. Laurie a ajouté qu'elle revenait à Paris au début de la semaine suivante.

UNITÉ 2 ///

LEÇON 4

Page 31

1. Il avait été surpris et intrigué par l'intérêt que des amis à lui, ayant fait cette expérience, avaient manifesté.

2. *Par exemple* : Comment elle fait pour se déplacer ? Comment elle peut noter ce que dit le prof ? Comment elle se débrouille dans la vie de tous les jours ?...

3. Peut-être a-t-elle eu peur de ce genre d'expérience, peur de se sentir gênée, désorientée.

4. Par les autres sens : le toucher, l'ouïe, l'odorat.

5. On perd le sens des volumes et des distances, on perd le goût des aliments, on a tendance à parler plus fort, on a l'impression d'avoir moins de pudeur.

6. a. Il faut vraiment en faire beaucoup. – **b.** Ça ne l'intéressait pas beaucoup, ça ne lui disait pas grand-chose. – **c.** Je me sentais mal à l'aise, j'avais un peu peur. – **d.** Avoir trop bu, être ivre. **e.** C'est difficile, c'est la catastrophe !

7. *Par exemple* : On a éclaté de rire parce que les gens étaient très différents de ce qu'on avait imaginé, chacun dans sa tête.

Page 32

8. L'intuition, l'instinct.

9. Une sensation est de l'ordre du physique (faim, soif, peur, inquiétude...)/Un sentiment est plus « mental », plus psychologique (amour, haine, pitié, tendresse, mépris...) – Sensations : a, d, e, f ; Sentiments : b (la peine), c (le bonheur), g (la rancune), h (la confiance).

10. La vue = apercevoir, contempler, dévisager, regarder, voir – L'ouïe = écouter, entendre, ouïr – Le goût = déguster, se régaler, savourer – Le toucher = caresser, effleurer, palper, pétrir, tâter, tâtonner, toucher – L'odorat = flairer, humer, sentir.

Page 33

11. C'est une différence de taille : la supérette est un magasin de quartier, le supermarché se trouve aussi dans les villes mais il est plus grand, l'hypermarché est très grand et se trouve à l'extérieur, à la périphérie des villes.

12. On ne peut faire la transformation que dans la phrase (b) : *beau/bel/belle* peuvent se placer avant le nom → *Le plus bel exemple de solidarité.*

13. a. brillant – **b.** étonnant – **c.** excellent – **d.** négligent – **e.** pesant – **f.** récent.

Page 34

15. *Le voyeur absolu* : le titre est un peu ambigu, « voyeur » pouvant être dans certains contextes proche de « pervers » ; mais cela peut aussi vouloir dire que Bavcar voit « avec les yeux de l'âme ».

16. *Exemple de questions* : Comment faites-vous pour savoir si ce que vous voulez photographier est dans le champ ou non ? Vous faites-vous aider par une personne voyante ? Comment percevez-vous l'intensité lumineuse ? Est-ce que vos thèmes sont liés au fait de ne pas voir ?

Page 35

17. Pensez à la parole (qui décrit, analyse), à la possibilité de toucher (sculptures, par exemple), à la relation entre couleurs et chaleur/froid...

18. *Par exemple* : Comment étaler le fond de teint, se mettre du rouge à lèvres sans déborder... Il faut peut-être essayer de faire soi-même l'expérience (se laver les cheveux, le visage ou les dents, se maquiller...) pour comprendre où se situent les problèmes et comment on peut les résoudre.

Manières de dire :

a. Il n'est pire sourd que celui qui ne veut pas entendre - **b.** ...que tu te fasses tirer l'oreille -

LEÇON 5

Page 37

1. Coup de tonnerre, choc, commotion violente, 100 000 volts, pétrifiée, le cœur arrêté...

2. On perd le sens et les sens (ne plus voir, ne plus parler ; pâlir/rougir ; transir/brûler.

3. C'est une phrase hypothétique tronquée ; sous-entendu : si elle ou s'il le demandait...

4. « Les plus timides se découvrent audacieux, c'est une révolution qui s'opère en nous » ; on est perdu et éperdu.

5. *Par exemple* : ne pas s'enfermer dans le tête-à-tête, être tolérant, indulgent, avoir de l'humour...

Page 38

6. amour/désamour ; avantage/désavantage ; espoir/désespoir ; intérêt/désintérêt ; union/désunion.

7. Dans tous les cas, il s'agit d'un événement dramatique, brutal, violent, contre lequel il est très difficile d'agir.

8. a. un cataclysme – **b.** une commotion, un choc – **c.** un désastre.

Page 39

10. Oui. La phrase est un peu bizarre mais possible : elles étaient *toutes* très contentes (ou *toutes* contentes).

11. a. chez soi – **b.** pour elle-même – **c.** qu'à elle – **d.** confiance en soi – **e.** chez eux.

Page 40

12. *Par exemple* (150 mots) : Contrairement à l'époque des mariages de raison, nous pensons aujourd'hui qu'en amour, nous sommes absolument libres de nos inclinations. Ce n'est pas tout à fait vrai. En effet, selon les psychologues et les sociologues, le choix d'un partenaire est en grande partie conditionné, à notre insu, par nos appartenances sociales. P. Bourdieu, par exemple, note que ce qui nous séduit chez l'autre, son style, son allure... tout cela dépend largement de notre position sociale, tout comme les lieux où l'on s'est rencontrés, qui ne sont jamais socialement neutres. Quant à N. Elias, il insiste sur la différence des valeurs selon les classes sociales et donc des comportements, des qualités qui sont plus ou moins valorisés chez l'autre. Comment, avec un tel déterminisme, peut-on alors ressentir si fortement notre liberté en ce domaine ? Et en particulier, comment penser l'amour fou qui, en apparence, s'affranchit justement de toute contrainte sociale ?

Page 41

13. *Par exemple* : Pâris, le plus jeune fils du roi de Troie, était le protégé d'Aphrodite qui lui avait promis qu'il serait aimé par la plus belle femme du monde. Au cours de ses voyages, le jeune homme arriva un jour à Sparte, chez le roi Ménélas. Son épouse, la belle Hélène, – c'était elle la plus belle des femmes ! – succomba au premier regard et s'enfuit avec le voyageur, abandonnant son royaume, son mari, son enfant. Ce coup de foudre fut lourd de conséquences : il est à l'origine de la guerre de Troie, décrétée pour punir le ravisseur et ramener la belle infidèle.

LEÇON 6

Page 43

1. C'est comme l'impression qu'on a déjà vu cette personne, ce paysage, cette ville ; c'est comme un souvenir un peu vague mais persistant.

2. À l'origine, c'est un instrument qui permet de voir des images éclatées, multipliées ; au sens figuré, c'est une succession très rapide d'impressions, de sensations.

3. Les plumbagos, les fleurs (mimosa, bougainvillier), des lilas du Japon, un pays âpre, des tuiles vernissées vertes, des étés torrides, ensoleillés, des dromadaires : un pays désertique mais plein de fleurs et d'odeurs. La Tunisie ? Le Maroc ? L'Algérie ? Il s'agit du Maroc.

4. Des adjectifs : regretté, douloureux ; Des noms/expressions : une réminiscence, le temps suspendu, joie, douceur, tristesse, mélancolie, chagrin, regret, mal du pays.

5. Probablement non, elle donne une image embellie, comme enchantée.

Page 44

6. a. Lourd, en peine. – **b.** Je partage votre émotion. – **c.** ... elle a été choquée. – **d.** Nous avons tenu à finir... – **e.** Très volontiers, avec plaisir.

7. a. Très ouvertement, sans se cacher – **b.** Très discrètement, sans qu'on le voie. – **c.** C'est banal !

8. a. entend – **b.** regardez – **c.** écoutait – **d.** ressentait – **e.** sentent – **f.** perçoit.

9. a. souvenirs – **b.** mémoire – **c.** mémoire – **d.** souvenirs.

10. Souvenirs : Les réminiscences ou les évocations.

11. b – c – a

Page 45

12. a. Folle que tu es... – **b.** ...absorbé qu'il était... – **c.** En bon père qu'il est...

13. a. La France, vieux pays où il fait bon vivre, accueille... – **b.** Pétrifiée, la petite fille regardait... – **c.** Elle avait une seule occupation : regarder la télévision.

Page 46

14. *Par exemple* : Comme tout a changé en quelques années ! Je me souviens de l'époque où ce quartier était le centre intellectuel de la France. À la place de cette boutique de vêtements, là, au coin, il y avait une librairie, par exemple. Et des librairies, il y en avait dix, quinze, vingt dans ce quartier. Et maintenant, on les compte sur les doigts d'une main ! Et c'était un arrondissement tellement vivant, avec ses cafés où l'on pouvait croiser tout ce que Paris comptait d'intellectuels de renom, ses clubs de jazz, ses théâtres, ses cinémas... Les touristes qui viennent ici avec l'idée de retrouver toute cette vie trépidante et artistique sont bien déçus car tout cela a disparu, dévoré par le commerce de luxe. Des fringues, des fringues, des fringues...

Page 47
Manières de dire :
a-2/b-1/c-7/d-6/e-3/f-4/g-5.
BILAN AUTOCORRECTIF

Page 49
1. Sensations : b – c – e – f – i ; Sentiments : a – d – g – h – j.
2. a. Écoute – **b.** regarder – **c.** vu – **d.** aperçu.
3. Amour intense : a – d – e – h – i – j ; Amour plus mesuré : b – c – f – g.
4. la colère.

Page 50
5. a. tous – **b.** tout – **c.** tous – **d.** toute – **e.** tout – **f.** toute – **g.** tout – **h.** tout.
6. a. soi – **b.** nous – **c.** soi – **d.** elle – **e.** eux – **f.** toi.
7. a. étonnamment – **b.** précisément – **c.** prudemment – **d.** obstinément – **e.** immensément – **f.** bruyamment – **g.** différemment – **h.** obligeamment – **i.** assidûment – **j.** hardiment – **k.** brièvement – **l.** méchamment.

UNITÉ 3 ///////////////////////////////////
LEÇON 7

Page 53
1. *Par exemple* : Les Français ont une opinion généralement favorable du travail. Seuls 5% déclarent ne pas s'y sentir heureux. Ils apprécient beaucoup les conditions de travail, les relations entre collègues et, surtout pour les travailleurs indépendants, la liberté.
2. *Par exemple* : Les commerçants et professions libérales mettent en avant autonomie et liberté alors que les salariés apprécient davantage les relations sociales. Les ouvriers sont les moins heureux au travail.
3. *Par exemple* : Il est surprenant que la question du salaire soit si peu évoquée (4%).
4. *Par exemple* : Dans le privé, les salariés sont plus heureux que dans le public (mieux payés ? plus autonomes ? moins de hiérarchie ?). Les salariés du public ont davantage le sentiment d'être utiles à la société. Les travailleurs indépendants aiment leur travail et s'y sentent bien.
5. *Par exemple* : Le souci de bien gagner sa vie est nettement plus important pour les jeunes alors que l'importance de s'insérer socialement est fréquemment mise en avant par les seniors.

Page 54
7. d - g - c - b - f - a - e -
8. Dans « demander », il y a déjà l'idée de « question » : ce serait donc redondant. Deux possibilités : *demander quelque chose* ou *poser une question*.
9. a. mon avis – **b.** une émotion.
10. a. Elle a tourné sur elle-même, elle a dérapé – **b.** petit à petit, progressivement - **c.** littéralement.

Page 55
11. a. 1 000 = nombre exact, précis/un millier = à peu près mille, plus ou moins mille - **b.** une demi-douzaine d'œufs = exactement 6 /une demi-douzaine de fois = environ 5 ou 6 fois.

Page 56
12. *Par exemple* : Pour la plupart des Français, l'âge « juste » pour partir à la retraite se situe entre 60 et 62 ans, même si un quart d'entre eux pensent que l'on pourrait aller jusqu'à 65 ans, voire au-delà. Les principales raisons qui pourraient les inciter à travailler plus longtemps sont d'ordre financier. Ils estiment que les ouvriers et les agriculteurs, en raison de leurs conditions de travail plus difficiles, devraient pouvoir se retirer plus tôt.

13. Le premier titre est faux (65% des Français se déclarent prêts à travailler jusqu'à 62 ans ou plus tard encore. Le deuxième titre est très vague (à quel prix ? dans quelles conditions.)
Le troisième titre est alarmiste et sensationnaliste.

Page 57
14. *Par exemple* : En avril 2016, l'IFOP a réalisé une enquête selon la méthode des quotas pour *Le Pèlerin Magazine*, enquête portant sur l'attitude des Français face au travail. Ce qui ressort d'abord de cette étude est que, contrairement à ce que l'on entend souvent, les trois quarts des Français sont heureux, voire très heureux au travail. Heureux de se sentir libres et autonomes pour les travailleurs indépendants, commerçants et professions libérales, heureux des relations avec les collègues pour les salariés, surtout ceux du public. Et l'amour pour leur métier est la première raison de ce bonheur au travail ! Curieusement, l'aspect financier est très peu évoqué (4 %).
Si les ouvriers sont les moins heureux au travail, ils ne sont qu'un peu plus d'un tiers à le mentionner.
Il semble que plus on avance en âge, plus on attache d'importance au fait de travailler. Après 50 ans, cela cesse d'être une contrainte ; les seniors mettent en avant leur désir de se sentir partie prenante de la société, d'y avoir leur place, de se sentir dans toute la force du terme « en activité ». La difficulté de retrouver un emploi après 50 ans en cas de licenciement n'est sans doute pas étrangère à cette réponse.

LEÇON 8

Page 59
1. a. Beaucoup – **b.** Atteindre un point où presque tous les gens possèdent ces biens de consommation.
2. 1. vrai –2. vrai – 3. faux (36%. – 4. vrai – 5. vrai – 6. le texte ne le dit pas –7. vrai – 8. vrai – 9. Le texte ne le dit pas – 10. faux (0,1% n'en ont pas – 11. Le texte ne le dit pas – 12. vrai.
3. *Par exemple* : Aujourd'hui, la quasi-totalité des logements ont tout le confort et sont très bien équipés en produits électroménagers. C'était loin d'être le cas en 1960, époque à laquelle seul un foyer sur trois disposait d'une salle d'eau et où il n'y avait que 41 % des ménages à posséder des W.C. intérieurs. Depuis les années 2000, c'est essentiellement le secteur informatique qui s'est développé : actuellement, tout le monde ou presque est connecté à Internet et dispose d'un ou plusieurs portables.

Page 60
4. a. Unité d'habitation. – **b.** Le nettoyage + le rangement. – **c.** Un jeune couple. – **d.** Une scène de ménage = une dispute conjugale.
5. Un lave-linge, un lave-vaisselle, une cuisinière, un aspirateur...
6. facilement (qui n'exprime pas une idée d'intensité).
7. a. Cinq enfants nés ensemble. – **b.** Un appartement situé sur deux étages. – **c.** Un ensemble de quatre musiciens. – **d.** Des périodes de dix jours. – **e.** Un groupe de trois personnes.

Page 61
8. a. Qui se méfie de tout. – **b.** Une réunion où les gens peuvent danser. – **c.** Où il y a beaucoup de passants. – **d.** Non gratuite. – **e.** Où l'on peut glisser, dangereuse. **f.** Qui peut inquiéter. – **g.** Libre, disponible. – **h.** Qui se fait remarquer, vulgaire.
9. a. d'avantage(s) – **b.** plutôt (= de préférence) – **c.** bien tôt (= un peu trop tôt).

Page 62
10. *Par exemple* : Les Français se plaignent souvent de la baisse de leur niveau de vie. Ils oublient que leur pouvoir d'achat est cinq fois supérieur à ce qu'il était en 1960. C'est surtout au cours des Trente Glorieuses (1945-1975) que la croissance a été spectaculaire. Actuellement, la quasi-totalité des ménages vivent confor-

tablement. Certes, depuis les années 2010, c'est moins vrai et la situation est moins brillante. La croissance stagne, le chômage croît inexorablement, les « petits boulots » (emplois précaires, travail partiel non choisi) augmentent, les inégalités se creusent à nouveau, ce qui donne naissance à une nouvelle catégorie, « les nouveaux pauvres »...

Page 63

11. *Par exemple* : Au vu des chiffres de l'INSEE (année 2014) sur l'évolution des habitudes alimentaires des Français depuis 1960, on constate un net progrès. Ils se nourrissent mieux, par exemple, ils mangent moins de pain et moins de viande, au profit des produits laitiers et du poisson ou encore boivent moins d'alcool et plus d'eau minérale. L'évolution des mœurs (travail de la plupart des femmes, entre autres) fait que l'on a recours de plus en plus souvent aux traiteurs et aux plats tout préparés.

Manières de dire :

super star – ultra légère – antichocs – hyper intéressant – mini stylets.

LEÇON 9

Page 65

1. En statistiques, il s'agit d'un graphique circulaire divisé en parts.

2. Les indemnités de chômage + les allocations familiales + l'assurance maladie, la sécurité sociale + l'aide au logement + les pensions de retraite...

3. b.

4. Peut-être parce qu'il s'agit de « pays émergents », dont le niveau de vie est encore un peu moins élevé que dans d'autres pays européens.

5. La population vieillit et ceci est vrai dans tous les pays européens. Il est donc logique que la branche « vieillesse » coûte de plus en plus cher à la société.

6. Il y a davantage de personnes jeunes que dans les autres pays européens.

7. Pour les deux tiers, il s'agit d'argent ; pour le dernier tiers, de prestations en nature (services sociaux, formation...).

Page 66

8. Prendre un grand risque, tout gagner ou tout perdre.

9. a. Très peu cher, très bon marché. – **b.** Il faudra me rendre un service équivalent. – **c.** erreur, malentendu, quiproquo.

10. a. ont affecté – **b.** une croissance (ou un accroissement) – **c.** la part – **d.** les prestations – **e.** des écarts.

11. a. affectation (*À la suite d'un redéploiement des ressources totales, ces sommes ont reçu une nouvelle affectation.*) – **b.** exclusion (*Il faut lutter contre l'exclusion des plus pauvres.*) – **c.** versement (*Le versement de ces allocations est mensuel.*).

12. a. démographes, taux – **b.** statistique – **c.** graphiques – **d.** pourcentage.

13. Un pays moins développé que d'autres pour l'instant mais en train de les rattraper.

Page 67

14. *Par exemple* : Les nouveaux pays européens, entre autres les pays baltes, ont une croissance soutenue. – Le « trou » de la sécurité sociale en France s'explique en partie par le vieillissement de la population. – Les observateurs, pour la plupart, sont optimistes quant à l'évolution de la situation économique.

15. a. au cours des... – **b.** à l'opposé des... – **c.** au sein de...

16. a. dirigeante – **b.** encourageantes – **c.** divergentes – **d.** plongeantes – **e.** changeante – **f.** émergents.

Page 68

17. 1. La France et l'Irlande

En 2015, c'est en France que l'on constate le plus fort taux de natalité alors qu'en 2001, c'était en Irlande.

2. a. et **b.** pour l'Irlande, **c.** pour la France.

3. C'est la Lituanie. Ce serait peut-être à mettre en rapport avec l'entrée de ce pays, et des deux autres pays baltes dans l'Union européenne (2003). On constate d'ailleurs une hausse presque analogue en Lettonie (mais pas en Estonie).

4. La Grèce, l'Espagne, la Pologne et le Portugal. C'est peut-être dû à des difficultés économiques, sociales, ou parfois comme en Espagne, au départ de nombreux immigrés sud-américains.

5. Globalement, on constate une hausse du taux de fécondité en Europe.

Page 69

18. 1. C'est bien sûr l'anglais, sorte de *franca lingua* surtout en Europe du Nord (Danemark, Suède, Finlande...). C'est la première langue enseignée à l'école dans la plupart des pays.

2. Les pays du nord parlent davantage les langues étrangères que les autres ; c'est surtout vrai des Pays-Bas et du Danemark (avec l'anglais et l'allemand).

3. Dans ces pays, le français est davantage parlé : en Italie, en Espagne, en Allemagne et, naturellement, au Luxembourg et en Belgique où le français est l'une des langues officielles.

4. La même remarque vaut pour l'allemand et les pays limitrophes de l'Allemagne.

5. Le Luxembourg. Au Luxembourg, le français est l'une des langues officielles, et la plus souvent parlée.

6. C'est le Luxembourg : l'allemand et le français sont des langues officielles, l'anglais la langue des transactions, des échanges.

Manières de dire :

une part – portion – proportion – partie.

BILAN AUTOCORRECTIF

Page 71

1. compléter.

2. -a-5/b-1/c-4/d-3/e-2/f-8/g-6/h-7.

3. traversa - avaient - se sont présentées - a désavoué.

4. a. la croissance – **b.** l'accroissement – **c.** la diminution – **d.** la baisse – **e.** la multiplication – **f.** l'atténuation – **g.** l'évolution – **h.** la progression.

Page 72

5. Vrai = **a**, **c** et **f** – Faux = **b.** (cinq côtés) – **d.** (à peu près un arrondissement, le 5e) – **e.** (25 centilitres).

6. a. démographe – **b.** expansion (économique) – **c.** prestations sociales – **d.** part du gâteau.

7. a. magnifique, éblouissant – **b.** peu intéressant – **c.** habituelle – **d.** qui s'est terminée par un succès.

8. a. fatigant – **b.** changeant – **c.** exigeant – **d.** convaincant.

UNITÉ 4 ///////////////////////////////////

LEÇON 10

Page 75

1. a. La période d'invention, de liberté, de rudesse... – **b.** (Sous Louis XIV) La langue s'est polie, elle était majestueuse, belle, élégante. – Vaugelas, Richelet. – **c.** Néologismes, transformations de la société, avancées de la science, expériences nouvelles. – **d.** Naissance d'une langue nouvelle (SMS, blogs...).

2. C'est la technique, en particulier l'informatique, qui imprime à la langue son style.

4. L'auteur est pessimiste. Quoi qu'il dise à la fin de son texte, on sent bien qu'il déplore cette évolution (le vocabulaire s'appauvrit; une langue qui se réduit, qui n'a plus rien à dire).

Page 76

5. a. un mot nouveau – **b.** un procédé d'abrègement d'un mot – **c.** des dictionnaires – **d.** un langage particulier à un groupe de personnes – **e.** un utilisateur.

6. a. 4 – b. 5 – c. 6 – d. 7 – e. 8 – f. 2 – g. 1 – h. 3.

7. Dans ses deux sens le mot *poli* serait le contraire de *rude, brute*; c'est l'intervention humaine (l'éducation ou le geste) qui rend poli.

8. abstention (tous les autres mots évoquent l'idée de réduction).

Page 77

9. a. Magnifique, cette fête ! – **b.** Combien, ce collier ? – **c.** Toutes mes félicitations ! – **d.** Heureusement, après cette chute, pas une seule égratignure ! – **e.** Sauvés, Dieu merci ! – **f.** Arthur, mon fils.

10. Dès qu'il s'est mis au lit, il s'endort. À peine s'est-il mis au lit qu'il s'endort.

Page 79

11. *Par exemple*

Il est évident qu'Internet a une influence sur la langue.

Il y a tout d'abord l'introduction de mots nouveaux, (selfie, blogs, smiley, twitt, like, geek), tellement répandus aujourd'hui qu'on commence à les conjuguer, à créer des mots dérivés. (Youtube, par exemple donne maintenant « youtubeur, youtubeuse »)

Par ailleurs, Internet a aussi influencé la syntaxe, l'orthographe. Un public de plus en plus large a accès à Internet, espace public immense où chacun peut se laisser aller à une écriture libre, non surveillée, à travers des forums, des chats, des blogs ! Ainsi, la langue écrite qui, en français, est normalement plus soutenue que l'orale, devient familière et de manière générale, l'écrit s'oralise. Il se débarrasse des contraintes : on simplifie l'orthographe, qui devient plus ou moins phonétique, on abrège, on supprime les majuscules, on remplace des phrases entières par des smiley, on oublie l'inversion dans l'interrogation.

On supprime également les formules de politesse ; pour nombre d'utilisateurs, pas de « bonjour », pas de « au revoir », le formalisme des lettres est souvent oublié !

Internet permet, pour le meilleur ou pour le pire, d'écrire comme on n'aurait jamais pu le faire avant.

Manières de dire :

Laisse tomber ! – Vas-y Manu ! – Allez-y à fond les copains ! – Tu viens chez moi ? – Ah, il est énervé cet homme (le mec) !

LEÇON 11

Page 81

1. C'est une plaisanterie très connue. On peut penser que l'on n'est jamais content de son sort : on voudrait tous les avantages de la ville (la culture, les spectacles, les magasins...) et en même temps le bon air, la tranquillité de la campagne. En réalité, les villes à la campagne, c'est souvent la banlieue, pas toujours séduisante.

2. Ils contribuent à la détente des habitants ; ils apportent de la beauté, de la douceur.

3. La biodiversité, c'est la diversité, la variété des espèces animales ou végétales présentes dans un milieu naturel. – L'écosystème, c'est le milieu écologique, par exemple une forêt, une montagne, avec tout ce qu'il comprend.

4. Il est indispensable que les résultats obtenus par la politique écologique de la ville soient évalués de façon neutre, impartiale, par un organisme rigoureusement indépendant.

Page 82

5. 1. a. victime de sévices, de brutalités, de maltraitance – **b.** le

salaire – **c.** les remèdes – **d.** adjonction de produits (chimiques, par exemple) – **e.** la manière de procéder. **2. a.** du pétrole raffiné – **b.** le fond de l'être humain – **c.** espèces d'arbres – **d.** extraits concentrés.

6. a. Contrôle de la gestion d'une entreprise, d'une société. – **b.** À l'époque des rois, texte officiel, loi. – **c.** Un endroit à la campagne qui porte un nom particulier. – **d.** Une rumeur. – **e.** Quelque chose de caché, de tu, de passé sous silence.

7. a. citoyen – **b.** urbain – **c.** citadin.

8. (plantes) exotiques.

9. Watt : du nom d'un ingénieur écossais de la fin du XVIIIe siècle. – Macadam : du nom d'un autre ingénieur écossais de la même époque : il fit remplacer les pavés de Londres par des pierres concassées. – Braille : Louis Braille inventa un système permettant aux aveugles de lire avec les doigts. – Mécène : *Maecenas*, aristocrate romain du temps d'Auguste, protégea les écrivains et les artistes.

Page 83

10. a. un futur antérieur – **b.** un présent de probabilité – **c.** un imparfait stylistique, correspondant à un passé composé – **d.** un présent de narration, correspondant à un passé simple – **e.** un passé composé « récapitulatif », de rétrospective.

11. a. Il a compris, j'espère. – **b.** Tout le monde, lui semblait-il, était contre lui. (ou: Tout le monde était contre lui, lui semblait-il.) – **c.** Votre ami a été licencié, paraît-il.

Page 85

13. L'apiculture en milieu urbain

Par exemple

Depuis des années, les abeilles implantées dans les zones rurales disparaissent régulièrement alors que les ruches citadines produisent aujourd'hui du miel en plus grande quantité et de meilleure qualité.

C'est pourquoi de nombreux apiculteurs ont demandé à des collectivités locales, à des entreprises, à des institutions d'accueillir des ruches qu'on a vues ainsi apparaître sur les toits d'un Opéra, d'un grand magasin, dans la cour d'un immeuble.

Cette expérience a confirmé quelques hypothèses :

– l'abeille des villes est en meilleure santé que l'abeille des champs ; en effet, le milieu urbain utilise moins de pesticides, mortels pour les abeilles, que le milieu rural. Certaines villes, dont Paris, interdisent tout fertilisant chimique.

– De plus, ce miel profite de la présence d'essences exotiques spécifiques à la ville, de ressources alimentaires plus abondantes et plus diversifiées...

– Enfin, les floraisons peuvent s'étaler tout au long de l'année grâce à un microclimat plus chaud et donc plus favorable.

L'objectif des apiculteurs est de sensibiliser les citadins à « la cause » des abeilles et de rappeler que par la pollinisation, les abeilles permettent la reproduction de 80% de plantes à fleurs.

Manières de dire :

Par exemple : Abîmer quelque chose, le transformer de telle sorte qu'il soit juste bon pour la poubelle. – Transformer quelque chose en sandwich. – Rendre un sac, une ceinture, un accessoire quelconque plus élégant, plus chic, comme un produit Vuitton. – « Dioriser » évoque la même idée : transformer quelque chose en accessoire de luxe.

LEÇON 12

Page 87

1. La condition de touriste est souvent assez frustrante : on a l'impression de rester à la surface des gens et des choses, de rentrer exactement tels qu'on était partis. Un échange avec les autochtones nous permet de nous sentir plus concernés ; on a compris, appris quelque chose qui peut-être transformera notre manière d'être et de voir le monde. En un mot, on a « gagné » quelque chose.

3. Par exemple, une erreur dans l'interprétation des signes, des symboles, de ce qui se fait ou non. Quelques exemples : les Français font facilement la bise à des gens qu'ils connaissent très peu, dans certains pays, un tel geste est très choquant./Offrir des roses rouges à une femme est un peu compromettant, c'est lui faire une déclaration d'amour./Offrir des chrysanthèmes serait un peu bizarre, c'est, traditionnellement, la fleur que l'on porte au cimetière pour honorer les morts./Dans certains pays, on ne peut pas toucher la tête des enfants qu'on ne connaît pas, cela leur porterait malheur...

4. *Par exemple* : Vol sec : plus de liberté pour organiser son voyage tout à fait librement./Vol + hébergement : on reste libre de ses journées mais on n'a pas à se préoccuper de trouver un hôtel sur place. / Voyage organisé, toutes les démarches sont prises en charge, on peut mieux se reposer, c'est parfois préférable dans certains pays éloignés, quand on ne parle pas la langue du pays, quand la sécurité n'est pas totalement assurée...

Page 88

5. Un *voyagiste* est celui dont le métier est d'organiser des voyages (Club Méditerranée, Jet Tours, etc.).

6. *Planter* est très concret : planter un clou, planter un arbre, par exemple./*Implanter* (une usine, un projet) signifie les introduire et les installer.

7. a. être vaincu, perdre – **b.** des sous-vêtements, de la lingerie – **c.** un pot de vin, un bakchich, de l'argent liquide versé discrètement pour obtenir un avantage – **d.** complètement déprimé.

Page 89

8. Verbes totalement impersonnels n'acceptant que le « il » impersonnel comme sujet : *pleuvoir* (**a**), *falloir* (**c**), *s'agir* (**d**). *Procéder* (**b**) et *se produire* (**e**) acceptent d'autres sujets (*On a procédé à l'inventaire du magasin. – Un événement imprévu s'est produit à Rennes ce week-end.*).

9. a. *s'il le trouvait, lui permettrait...* il y a une incertitude sur l'existence même de ce travail. – **b.** *qui serait peut-être capable* (mais ce n'est pas absolument certain). – **c.** *qui, si elle l'avait rencontré, aurait pu la renseigner...*, mais le doute est total puisqu'elle n'a rencontré personne de ce genre.

10. Dans la phrase a, le seul problème est la création de ce site. Une fois créé, ils l'utiliseront ; dans la phrase b, il s'agit d'un site sur lequel, s'ils en avaient le désir, ils pourraient...

Page 90

11. *Par exemple* : la dessinatrice se moque de ces touristes plutôt « bobos » (= bourgeois-bohèmes) qui se prennent pour des anthropologues et s'imaginent comprendre l'âme des pays qu'ils visitent en quelques jours. Elle montre bien le fossé qui existe entre la condition des touristes et celle des autochtones qui ne profitent absolument pas des retombées économiques du tourisme.

BILAN AUTOCORRECTIF

Page 93

1. a. Faux – **b.** Vrai – **c.** Faux.

2. c – b – d – a – e.

3. a. C'est au restaurant universitaire que j'ai rencontré ma femme (mon amie, ma copine). – **b.** Il est complètement fou... – **c.** ...des pourris (= des gens malhonnêtes)... – **d.** ...laisse tomber (= abandonne, n'insiste pas) ! – **e.** Il est un peu bizarre... – **f.** ... voilà les flics (= la police) !

Page 94

4. a. (un futur antérieur) : on aura fini – **b.** (un conditionnel passé, irréel du passé) : tu aurais pu te faire écraser, tu te serais fait écraser – **c.** (c'est un imparfait stylistique correspondant ici à un passé simple) : se mirent à sonner – **d.** (c'est un présent de narration correspondant à un passé simple) : naquit.

5. a. 1 – b. 2 – c. 2 – d. 1

6. a – c.

UNITÉ 5 /////////////////////////////////////

LEÇON 13

Page 96

1. Le premier texte donne une définition de ce qu'est la dépression saisonnière et des symptômes de cette maladie.

2. état de déprime – blues – cafard – baisse de régime – « Trouble Affectif Saisonnier ».

3. C'est une hypothèse, c'est « à peu près certain » mais pas totalement.

Page 97

4. L'organisme de tous les êtres vivants est programmé en fonction des saisons, de l'alternance jour/nuit, des heures.

5. Le texte 3 est un texte publicitaire : son but est de faire acheter une lampe précise dont on indique la marque.

Page 98

6. L'adjectif *malin, maligne* a plusieurs sens. Quand il est opposé à *bénin, bénigne* il n'est utilisé que dans un contexte médical et a le sens de : très grave (une tumeur maligne, une lésion maligne = cancéreuse). En revanche, bénin peut être utilisé dans d'autres contextes.

7. a. système politique – **b.** des grappes, des bouquets, des ensembles – **c.** forme juridique, statut – **d.** avec toutes ses forces, totalement – **e.** régime alimentaire, prescriptions alimentaires.

8. a. (mauvaise) humeur – **b.** humeur – **c.** humour.

9. *Par exemple* : héliothérapie, ergothérapie, électrothérapie, thalassothérapie...

Page 99

10. Vraie négation : phrases c et d – *Ne* explétif : phrases a et b, on peut supprimer le *ne* sans changer le sens de la phrase.

11. a. je ne peux pas du tout... – **b.** je ne peux pas, même si je le voulais... – **c.** je suis obligé de vous donner raison.

12. Attention au sémantisme du verbe : **a.** tous ceux (rencontrer quelqu'un) – **b.** tout ce (vouloir quelque chose) – **c.** tout ce (acheter quelque chose) – **d.** tous ceux (inviter quelqu'un à faire quelque chose).

Page 100

13. *Par exemple* : **a.** La dépression saisonnière, qui se traduit par de la fatigue, un manque d'énergie et d'intérêt pour l'entourage, de l'anxiété, n'est pas très grave en soi mais difficile à supporter pour les millions de personnes qui en souffrent (une personne sur quatre). – **b.** Pour expliquer les causes du « trouble affectif saisonnier », on évoque très souvent le manque de lumière qui augmenterait la production de mélatonine, déréglant ainsi notre horloge biologique.

14. *Par exemple* : La dépression saisonnière a pour cause, pense-t-on, un manque de lumière entraînant une production accrue de mélatonine et par là même, un dérèglement de notre horloge biologique. Cette affection, qui se traduit par de la fatigue, de l'anxiété, moins d'intérêt pour l'entourage..., n'est pas très grave en soi mais difficile à supporter pour les millions de personnes qui en souffrent (une personne sur quatre).

15. Tous deux proposent un remède : la luminothérapie.

16. Les difficultés à affronter l'hiver et, en particulier, le manque de lumière ; proposer d'y remédier grâce à une lumière artificielle.

17. Il ne s'agit plus d'une personne mais d'un village entier ; les mesures prises par la municipalité sont très importantes et très coûteuses.

Page 101

18. *Par exemple, avec le plan B.* : Rattenberg, petit village du Tyrol autrichien, était privé de soleil pendant tout l'hiver, ce qui provoquait dépression et exode ; la municipalité a décidé de s'attaquer au problème en installant sur la colline voisine des réflecteurs qui renvoient les rayons du soleil dans la vallée. S'exposer à la lumière est en effet l'un des meilleurs remèdes contre le « trouble affectif saisonnier » (TAS). Il est bien connu en effet que le manque de lumière entraîne un accroissement de l'hormone du sommeil, la mélatonine, et bouleverse notre horloge biologique. On se sent fatigué, sans ressort, sans intérêt pour rien, victime de fringales subites... Cette maladie, peu grave en soi, peut néanmoins le devenir. Il faudrait en ce cas consulter un médecin dès les premiers symptômes.

LEÇON 14

Page 102

1. Elle date d'août 1539.

2. La langue d'oïl.

3. Non, elle n'est parlée qu'au nord de la Loire.

4. 1992.

5. Elle recommande de protéger et de favoriser les langues régionales et/ou minoritaires en Europe.

Page 103

6. Non, car cela impliquerait une reconnaissance *de facto* de certains groupes linguistiques.

7. On pourrait imaginer que c'est dans le milieu familial que se fait la transmission d'une langue régionale, en fait, elle se fait surtout dans les écoles bilingues.

8. Au Pays basque, par exemple, beaucoup de jeunes enfants sont inscrits dans des écoles basques, dans l'objectif de les immerger au plus tôt dans la langue/culture de cette région et de les stimuler intellectuellement grâce à cette formation bilingue. Cependant, plus les enfants grandissent, plus le souci des parents de les scolariser « normalement » est net, dans la perspective des examens -en français- qu'ils auront à passer.

Page 104

9. a. fait d'être monolingue = parler une seule langue – **b.** fait d'être bilingue = parler deux langues – **c.** fait d'être multilingue ou plurilingue = parler plusieurs langues ou avoir des documents traduits en plusieurs langues ; pays ou région où plusieurs langues sont parlées (la Suisse, par exemple).

10. Une prescription : *Le médecin a délivré une ordonnance au malade.*

11. a. le picard – **b.** l'auvergnat – **c.** le normand – **d.** le provençal – **e.** le bourguignon – **d.** l'alsacien

12. a. 3 – b. 1 – c. 2

13. Langue d'oc, au sud de la Loire (d'où viennent les mots Languedoc, occitan) s'oppose à langue d'oïl, au nord.

14. frêle : mince, pas très solide/fragile : qui peut se casser, se briser – captif : prisonnier/chétif : petit et maigre, sans beaucoup de force – livrer : donner, apporter, remettre/libérer : rendre libre – entier : absolu, total/intègre : honnête – à l'hôtel, on reçoit des clients (et on les loge)/à l'hôpital, on reçoit des malades (et on les soigne) – écouter : prêter attention à un son, à un bruit, à une

parole/ausculter : terme médical : écouter les bruits de l'organisme (le cœur, les poumons...)

Page 105

15. a. à condition que – **b.** sous réserve... qu' – **c.** à moins que – **d.** pourvu que (*à condition que* peut convenir aussi).

16. a. ...en raison d'une baisse d'effectifs. – **b.** ...dans le cadre d'un recensement de la population – **c.** ...à l'exclusion des personnes qui payent l'impôt sur la fortune – **d.** À la suite d'un éboulement, la route...

Page 106

17. *Par exemple* : Texte 1 : En 1539, l'ordonnance de Villers-Cotterêts stipule que, désormais, le français (la langue d'oïl) sera la langue officielle du droit et de l'administration. – Texte 2 : En 1992, a été adoptée une Charte européenne protégeant les langues régionales ou minoritaires.

18. Oui, il y a opposition entre l'uniformisation linguistique souhaitée par l'ordonnance de Villers-Cotterêts et la reconnaissance officielle des langues régionales prônée par la Charte. C'est peut-être l'une des raisons pour lesquelles la France n'a pas ratifié cette Charte.

19. Le texte 3 explique pourquoi la France n'a pas ratifié la Charte européenne des langues régionales, en raison de sa tradition centralisatrice, « jacobine », et parce que c'est contraire à la constitution.

20. Le dernier texte apporte des précisions sur la situation des principales langues régionales (breton, basque, corse et occitan) par rapport à l'école.

Page 107

21. *Par exemple*: L'enseignement précoce des langues, très développé dans de nombreux pays, peine à devenir la norme en France. Il existe en effet certaines réticences, en particulier lorsqu'il s'agit d'enseigner en parallèle le français et une langue régionale, comme le breton, le basque, l'alsacien... Et pourtant, selon la plupart des psycholinguistes, l'enseignement bilingue précoce, qu'il s'agisse ou non d'une langue régionale, permet à l'enfant de développer ses capacités cognitives, son univers culturel et l'aidera plus tard à apprendre sans peine d'autres langues vivantes.

Mais certains parents craignent que l'apprentissage trop précoce d'une autre langue ne perturbe leur enfant, d'autant plus qu'ils n'accordent pas aux langues régionales la même valeur qu'à la langue nationale.

D'autres parents enfin ne seraient pas opposé à l'enseignement d'une langue étrangère dès le plus jeune âge mais en ce cas, disent-ils, autant opter pour une langue plus « rentable », comme l'anglais, par exemple, ou une autre « grande » langue européenne.

LEÇON 15

Page 108

1. À l'origine, l'objectif d'EURATOM était de mettre en commun, dans le domaine du nucléaire, les connaissances, les compétences et les techniques des pays signataires (Allemagne, France, Benelux, Italie) afin, entre autres, de garantir une certaine sécurité à leurs populations et d'empêcher tout détournement des matières nucléaires à des fins militaires.

2. a. Le premier texte retrace brièvement l'historique d'EURATOM et ses principaux objectifs. – **b.** Le second fait le point sur cinquante ans de politique nucléaire. Le constat est contrasté : positif en ce qui concerne le contrôle de la non-prolifération nucléaire; pessimiste quant à la coopération entre les pays européens : il n'y a pas vraiment de politique commune.

Page 109

3. Point commun : après la guerre, les pays signataires du CECA (dont la France de de Gaulle) comprennent l'importance de l'énergie nucléaire, seule capable d'assurer une certaine indépendance énergétique.

4. Le texte C ne concerne qu'un pays : la France ; il brosse un tableau de la situation entre 1945 et aujourd'hui.

5. a. Vrai – **b.** On ne sait pas, les textes n'en disent rien. – **c.** Vrai pour le nucléaire civil et Faux pour le nucléaire militaire (c'est la 2ᵉ puissance) – **d.** Faux, le CEA est français.

Page 110

6. réacteur, radioactivité.

7. a. connue, célèbre – **b.** qui possède une santé de fer, une excellente santé – **c.** riche, prospère.

8. Nucléaire : qui concerne le noyau de l'atome. – Un pays nucléarisé : qui possède des équipements nucléaires, pourvu de centrales nucléaires.

9. Du latin *nucleus*, le noyau. Il s'agit ici de l'énergie produite à partir de la modification du noyau de l'atome.

10. Agir de manière cavalière : avec désinvolture, avec hauteur, sans égards.

Page 111

11. s'est tenue – engageant – est entré en vigueur – a suscité – ralentir – est prévu – avaient souscrit.

12. a. concernant, intéressants – **b.** amusant – **c.** regardant – **d.** glissante – **e.** Méprisant.

Page 112

13. *Par exemple* : En 1945, on comprit (de Gaulle, en particulier) toute l'importance pour un pays de se doter du nucléaire, afin d'acquérir au plus tôt une certaine indépendance énergétique mais aussi militaire. C'est dans ce double but qu'en 1957 fut créé EURATOM : les six États européens signataires (Allemagne, France, Italie, Benelux) désiraient coopérer dans l'approvisionnement en combustible nucléaire et en uranium, garantir un haut niveau de sécurité de leurs populations et prévenir tout risque de détournement de l'énergie nucléaire civile à des fins militaires. Si ces deux derniers objectifs furent en grande partie atteints, il n'en est pas de même du premier : la France, en particulier, avec la création « en solo » d'Eurodiff, n'a pas joué le jeu de la coopération à l'échelle européenne. Aujourd'hui, l'Europe semble bien divisée en ce qui concerne la politique nucléaire : certains états comme la Suède ou l'Allemagne y renoncent, d'autres s'apprêtent à faire de même poussés par une opinion publique hostile. La France, pays ultra-nucléarisé, ne semble pas prête pour l'instant à abandonner sa politique du « tout nucléaire » même si, depuis 2012 et plus encore depuis 2015/2016 (conséquence de la COP 21, Conférence de Paris sur le climat), une politique plus favorable aux énergies renouvelables semble vouloir se mettre en place.

Page 113

14. En 1945, on comprit (de Gaulle, en particulier) toute l'importance pour un pays de se doter du nucléaire, afin d'acquérir au plus tôt une certaine indépendance énergétique mais aussi militaire. C'est dans ce double but qu'en 1957 fut créé EURATOM : les six États européens signataires (Allemagne, France, Italie, Benelux) désiraient coopérer dans l'approvisionnement en combustible nucléaire et en uranium, garantir un haut niveau de sécurité de leurs populations et prévenir tout risque de détournement de l'énergie nucléaire civile à des fins militaires. Si ces deux derniers objectifs furent en grande partie atteints, il n'en est pas de même du premier : la France, en particulier, avec la créa-

tion « en solo » d'Eurodiff, n'a pas joué le jeu de la coopération à l'échelle européenne. Aujourd'hui, l'Europe semble bien divisée en ce qui concerne la politique nucléaire : certains états comme la Suède ou l'Allemagne y renoncent, d'autres s'apprêtent à faire de même, poussés par une opinion publique hostile. En effet, la catastrophe de Tchernobyl en 1986 puis celle de Fukushima en 2011 (sans compter toutes celles auxquelles on a échappé de justesse) ont été de réels traumatismes et, par ailleurs, l'angoissante question de l'enfouissement des déchets radioactifs revient régulièrement.

La France, pays ultra nucléarisé, s'est engagée à réduire la part du nucléaire au profit des énergies renouvelables mais elle n'est pas prête à en sortir totalement, arguant qu'il s'agit d'une énergie peu coûteuse et relativement « propre » puisqu'elle permettrait de réduire les émissions de CO_2.

Se dégager du nucléaire civil à terme, peut-être mais non du nucléaire militaire. Le fait que certains pays peu sûrs, voire potentiellement très dangereux, possèdent l'arme atomique est plus qu'inquiétant et on voit mal la France renoncer à sa force de dissuasion. En bref, il semble bien difficile pour l'Union européenne d'harmoniser les politiques en ce domaine, d'autant plus que nous ne sommes plus à 6 pays ou à 12 mais à 27, dont les orientations et les intérêts sont souvent divergents.

BILAN AUTOCORRECTIF

Page 115

1. a. Vrai – **b.** Faux – **c.** Vrai – **d.** Faux – **e.** Vrai – **f.** Vrai.

2. – **a.** régions, départements – **b.** départements, territoire – **c.** province – **d.** pays.

3. a. humeur – **b.** prescrit – **c.** adapter – **d.** arêtes – **e.** évolué – **f.** enfoui.

Page 116

4. Oui, dans les phrases b, c, d et f (phrases dans lesquelles le *ne* est explétif).

5. a. fut fait, finit (le passé simple = passé historique) – **b.** se sont disputés, n'ai pas pu (passé composé).

GRAND BILAN FINAL

Page 117

1. 1a – 2f – 3d – 4b – 5c – 6 e.

2. non–agression – inélégant – désintoxication – illégalité – contre–emploi – malchance.

3. regrettons – approuvé – admettre – défends – démenti – sont permises.

4. a. ce drame, cette tragédie – **b.** une telle chute – **c.** ce verdict, cette décision – **d.** une victoire, un succès – **e.** une réprobation, une condamnation – **f.** une baisse, un recul.

Page 118

5. a. qui soit (c'est un rêve, un souhait) – **b.** ...que vous reviendrez (espérer que + indicatif) – **c.** on l'a condamné (fait réel) – **d.** bien qu'elle ait travaillé (bien que + subjonctif = concession) – **e.** si bien qu'elle est obligée (si bien que + indicatif = conséquence)

6. Le *ne* de la phrase c est explétif, les autres sont de vraies négations.

7. a. à l'exception de – **b.** en raison de la découverte d'un paquet... – **c.** pour cause de travaux – **d.** faute de temps – **e.** compte tenu de vos nombreuses absences – **f.** En dépit de ses protestations d'innocence...

Pour finir a. « ensemble » exige un sujet pluriel → Mon frère et moi, nous sommes partis ensemble *ou bien* Je suis parti avec mon frère. – **b.** 14h30 *ou bien* deux heures et demie.

c. on peut dire une dizaine, une douzaine, une quinzaine, une vingtaine... mais pas une onzaine ni une treizaine ni une quatorzaine. ... – **d.** ce n'est pas la voiture qui traverse ! Avec le gérondif, le sujet doit être le même → Il a été renversé en traversant. – **e.** dernièrement est un faux ami, il signifie « récemment », « il y a peu de temps » (*Tu as vu Claire dernièrement ?*).
Ici, il faut dire : en dernier lieu. – **f.** prof de théâtre – **g.** une quarantaine = environ 40. C'est donc en contradiction avec « *exac-*

tement » – **h.** deux possibilités : c'est **de** ce projet **que** je parle ou bien C'est ce projet **dont** je parle – **i.** Vous **n'**êtes **pas sans** savoir (deux négations : ne... pas et sans)/Vous **n'**êtes **pas sans** igno**rer** (trois négations ou idée négative : **ne... pas**, **sans** et le verbe ignorer)

j. ...qui me permette (c'est un souhait = qui me permettrait, qui pourrait me permettre).

Achevé d'imprimer en France en janvier 2019
sur les presses de l'Imprimerie CHIRAT - 42540 Saint-Just-la-Pendue
N° d'éditeur : 10252077 - Dépôt légal : janvier 2019 - N° d'imprimeur : 201812.0108